Sagenhaftes Siegerland und Wittgenstein

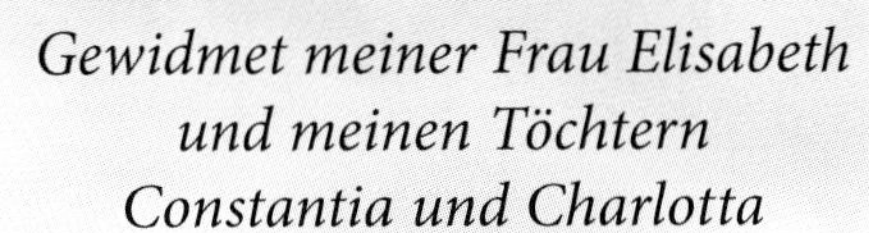

Gewidmet meiner Frau Elisabeth
und meinen Töchtern
Constantia und Charlotta

Sagen & Legenden

Sagenhaftes Siegerland und Wittgenstein

Joachim Nierhoff

SUTTON GESCHICHTE

Bildnachweis

Einband vorne: Shutterstock/Philip Lange; S. 11 Shutterstock/Philip Lange; S. 19 Wikipedia/Frank Behnsen; S. 34/35 Shutterstock/Schneider Foto; S. 38/39 Shutterstock/Bildagentur Zoonar GmbH; S. 75/75 Shutterstock/Philip Lange; S. 80/81 Shutterstock/travelpeter; S. 88/89 Shutterstock/travelpeter; S. 92/93 Shutterstock/Rolf E. Staerk; S. 106 Shutterstock/Sabine Hortebusch. Alle anderen Aufnahmen stammen vom Autor.

Titelbild: „Dicker Turm" am Unteren Schloss in Siegen.
Vorsatz: Idyllische Partie an der Eder bei Raumland.
Seite 2/3: Blick von der Ginsburg über das nördliche Siegerland.
Nachsatz: Im Wald bei Hohenseelbach an der Grenze zu Rheinland-Pfalz.
Rückseite: Schloss Junkernhees in Kreuztal.

Impressum
Sutton Verlag GmbH
Hochheimer Straße 59
99094 Erfurt
www.suttonverlag.de

ISBN 978-3-95400-581-9
Gestaltung: Sutton Verlag
Druck: Florjančič Tisk d.o.o. / Slowenien

Inhaltsverzeichnis

Vorwort

In diesem Buch werden Sagen aus dem ehemaligen Fürstentum Nassau-Siegen und den beiden Grafschaften Wittgenstein vorgestellt, die heute im Kreis Siegen-Wittgenstein vereint sind. Diese aktuelle Sagensammlung zum Siegerland und Wittgensteiner Land beinhaltet eine Auswahl alter und neuerer Überlieferungen aus beiden Landesteilen. In Bad Laasphe gibt es auf Initiative von Hans Wied sogar einen Sagen- und Mythenweg, den es wirklich zu entdecken gilt. Um die an vielen Orten noch vorhandenen Reste mittelalterlicher Burgen und Siedlungen (wie z.B.die Bergbauwüstung Altenberge bei Hilchenbach und eine ganze Reihe ehemaliger Bergwerkstollen, deren Geschichte bis zur vorchristlichen La-Tene-Zeit zurückreicht) ranken sich viele Sagen und Legenden der Region.

Als Großsage ist die Wielandsage aus Wilnsdorf zu nennen, wo einst der legendäre Schmied Wieland sein Handwerk ausübte und das berühmte Siegerländer Erz zu Schwertern und anderen Waffen verarbeitete. Allerdings gibt es noch verschiedene andere Orte, wie Balve im Sauerland, die für sich in Anspruch nehmen, die Heimstatt des Schmiedes und seiner Werkstatt gewesen zu sein. Nun ist die Sage weit verbreitet und wurde über die nordische Eddasage auch mit der Nibelungensage in Verbindung gebracht, die ja nicht unbedingt nur in Worms anzusiedeln ist. Der Historiker Heinz Ritter-Schaumburg hat dies in seinem Buch „Die Nibelungen zogen nordwärts" stichhaltig beschrieben, indem er die Ortsnamen im nahen Rheinland und im südlichen Westfalen auf ihre frühmittelalterlichen Namen hin untersucht und mit den Bezeichnungen in der „Thidrekssaga" verglichen hat. So könnten die Nibelungen durchaus den Weg entlang der Sieg genommen haben, um dann durch das Sauerland in das frühmittelalterliche Sosat, das heutige Soest, zu gelangen.

Die Sagen werden in verschiedene Gruppen unterteilt, die z.B. bei den Rittersagen meist eine historische Grundlage haben, im Gegensatz zu den Riesen- oder Teufels- und Hexensagen.

Riesensagen entstanden durch die Vorstellung der bäuerlichen Bevölkerung im Tal von den hoch oben in ihren Ritterburgen wohnenden und auf großen Schlachtrössern daherkommenden Kriegern und Knechten. Die Erbuntertänigkeit der meisten Bauern und ihres Gesindes sowie die große Ehrerbietung, also das tiefe Verneigen vor den Adeligen und ihren Gefolgsleuten, ließen diese wohl merklich größer erscheinen, als sie in Wirklichkeit waren. Wenn die Geschichten über die angeblichen Riesen weitergetragen wurden, so wuchs damit auch deren angebliche Größe immer stärker an, bis der Erzähler und die Zuhörer sie dann für riesengroß hielten.

Rittersagen haben meist einen historischen Kern, da die Protagonisten dieser Überlieferungen meist das Land beherrschten und mit dem Erstarken der Städte zunehmend mit ihren immer selbstbewusster werdenden Nachbarn in Fehden lebten. Die als romantisch, edel und vielfach auch unedel dargestellten Ritter boten zusammen mit den Knappen und Raubrittern, Edelfrauen, Prinzessinnen und tugendhaften Jungfrauen sowie mit ihren Abenteuern, Fehden, Kriegen, Schlachten und Kreuzzügen reichlich Stoff für die unzähligen Sagen des Mittelalters. Rittersagen sind oft auch Gruselsagen, wenn es um Schloss- oder Burggeister geht, die als Gespenster ohne Kopf oder als weiße Frauen unheimliche Begebenheiten ankündigen. Wenn in der Nähe von Wegkreuzen oder Denkmälern, in verlassenen Burgen, Höhlen und Klosterruinen bleiche Nonnen und schwarze Ritter ihr Unwesen trieben, dann herrschte atemlose und furchtsame Stille in der Zuhörerrunde.

Wie die Rittersagen greifen die geschichtlichen Sagen auf Ereignisse oder Personen zurück, die sich jedoch auf reale Orte und Persönlichkeiten beziehen lassen. Hierzu gehören auch häufig Frauensagen, wie über die heilige Elisabeth im benachbarten Hessen oder über Mathilde von Klusenstein am Hönnetal.

Überrascht haben mich die vielen Sagen des Siegerlandes, deren „Heldinnen" Frauen sind, die sogar als Räuberinnen und Mörderinnen ihr Unwesen treiben. Im benachbarten Sauerland bleiben die Frauen in den Sagen meist in den bekannten tragischen Rollen und treten schon gar nicht als „Bandenchefin" oder Mörderin ihrer Eltern (wie die eingemauerte Nonne von Keppel) auf den Plan.

Auch aus dem Bereich der alten Grafschaft Wittgenstein kennen wir nur die „normalen" Frauensagen, in denen die Frauen im üblichen Rollenklischee verbleiben, aber niemals als gefürchtete Räuberinnen ihr Unwesen treiben.

Natursagen sollten unheimliche Erscheinungen in der Natur, also Blitz und Donner, Himmelsfärbungen, Wolkengebilde sowie außergewöhnliche Erscheinungen am Firmament wie Sternschnuppen und Sonnenfinsternisse erklären.

Auch Sagen über verborgene Schätze sind nicht nur fiktiv, sie haben oft einen realen Hintergrund, da immer schon Kostbarkeiten an geheimnisvollen Orten oder als Grabbeilagen gefunden wurden. Allerdings war es damals wie heute schwierig, diese zu bergen, da sie nur an schwer zugänglichen Stellen, wie in Burg- oder Schlossruinen, Brunnen, Höhlen oder Wüstungen zu finden sind und in den Sagen auch noch von feuerspeienden Drachen oder riesigen Hunden mit brennenden Augen bewacht werden.

Teufels- und Hexensagen handeln vom Fürsten der Finsternis, der sich den Menschen in verschiedenen Gestalten nähert, um deren Nöte auszunutzen, oder verspricht, ihre Wünsche zu erfüllen, wenn sie ihm ihre Seelen übereignen. Der Teufel verbindet sich gern mit Hexen, die seine Buhlerinnen sind, und nimmt an ihren Treffen auf dem Hexentanzplatz teil.

Natürlich konnte in diesem Buch nur ein Teil der Sagen, Mythen und Märchen erfasst werden, die in dem rauen Bergland mit seinen bedeutenden Flussquellen von Eder, Dill, Sieg und Lahn über Jahrhunderte überliefert wurden.

Kurze Geschichte des Siegerlandes

Das heutige Siegerland gehört seit dem Wiener Kongress 1815 zu Preußen und kam damit zum heutigen Westfalen, dass in diesem Jahr sein 200. Jubiläum feiert.

Jahrhundertelang war das Siegerland als Grafschaft Nassau-Siegen ein Teilgebiet der verschiedenen nassauischen Staaten zwischen Rhein und Sieg, zu Beginn des 18. Jahrhunderts wurde es dann zum Fürstentum erhoben.

Untrennbar verbunden mit der Region ist der Dreiklang des Siegerlandes mit den Komponenten Eisenerzbergbau, Hauberg und Religion. Vereinfacht kann man sagen, dass neben dem Siegerländer Dialekt dies die wesentlichen Unterschiede zum angrenzenden westfälischen Sauerland sind.

Das heutige Siegerland, wie es seit dem Wiener Kongress besteht, umfasste im Laufe der Jahrhunderte noch weitere angrenzende Gebiete. So war bis zum Beginn des 17. Jahrhunderts Dillenburg der Regierungssitz des Grafenhauses.

Im historischen Bewusstsein der Menschen in der Region verankert ist der bereits in der Keltenzeit um 600 bis 400 v. Chr. einsetzende Abbau von Eisenerz im Siegerland. Noch früher gab es bereits Grabungen, deren Ziel die Gewinnung von rotem Farbstoff für wahrscheinlich kultische Zwecke war, allerdings wurden damals noch keine dauerhaften Siedlungen angelegt.

Es waren also die Kelten mit ihren frühen Rennfeueröfen, die archäologisch nachweisbar bereits über das technische Know-how verfügten, um aus dem Eisenerz das begehrte Eisen zu erzeugen, dass in großen Teilen Europas sehr begehrt war.

„Sigenia" wird im Jahre 1079 in einer Urkunde erstmals als „civitas" (Stadt) erwähnt und betritt damit die Bühne der Geschichte. Als nassauische Grafschaft und späteres Fürstentum Nassau-Siegen waren die politischen Verbindungen der Region meist nach Süden ausgerichtet und seit dem 16. Jahrhundert sogar weit in den Westen zu den „Spanischen Niederlanden". Damit richtete sich das Siegerland „international" aus im Gegensatz zu dem Jahrhunderte im politischen Dornröschenschlaf verharrenden „Kurkölnischen Sauerland". Und dies, obwohl die wirtschaftliche Zusammenarbeit beider Regionen sehr erfolgreich war – besonders im Bereich der „Eisenstraße" zwischen Altenkirchen und Hagen – und sich über die Jahrhunderte eine prosperierende Wirtschaftsregion entwickelte. Der „Sauerlandlinie" genannte Abschnitt der Bundesautobahn A 45 ist zwischen Haiger/Burbach und Hagen die zentrale Linie des Bereichs der „Eisenstraße", die in einem breiten Streifen in östlicher und westlicher Richtung ihr Einzugsgebiet hatte und auch heute die bedeutendste Verkehrsader für die mittelständische Industrie des Sauer- und Siegerlandes zu überregionalen Zielen ist.

Das Siegerland hat also in seiner Geschichte mit dem Dreiklang von Montanindustrie, Hauberg und Religion seinen eigenen Weg genommen. Die genossenschaftlichen

Fachwerkhäuser in Holzhausen.

Organisationen wie Marken- und Hausberggenossenschaften und der gemeinschaftlich betriebene örtliche Backes haben ein soziales Miteinander geschaffen, das durch die Reformation ein starkes Gemeinde-Bewusstsein noch verstärkte.

Siegerländer Sagen

Die Krombacher Gnadenglocke

Im Tal der Littfe bei Kreuztal lebte einst ein stockenreicher Müller, der ein scheinheiliger Heuchler und Menschenverächter war. Sich selbst hielt er für einen aufrichtigen Menschen, doch trotz seines Reichtums war er als übler Geizhals bekannt, der seinen Mitmenschen nicht das Schwarze unter den Nägeln gönnte.

Jener Müller traf eines Tages auf der Krombacher Höhe einen einsamen Sauhirten namens Engelwertchen. Dieser war bescheiden und rechtschaffen und fand nicht an jedem Tag, den der liebe Herrgott werden ließ, genügend Brot in seinem Brotkorb, um sich abends satt auf sein Nachtlager legen zu können.

Ländliche Idylle im Siegerland.

„Engelwertchen, Engelwertchen", sprach der Müller den armen Sauhirten an, als sie sich begegneten, „Die Welt ist schlecht und die meisten Menschen leiden unter dem Hochmut und Geiz der Reichen." Geduldig hörte der Schweinehirt zu, als der Müller ihm in seiner überheblichen Art die Welt aus seiner Sicht zu erklären begann, wobei er mit seinem von einem Silberknauf gekrönten Knotenstock herumfuchtelte.

Besonders reizte den Müller die „silberne Stadt" Altenberg, da ja dort angeblich das Leben so schön wie im Paradies sei, mit unsäglichem Reichtum und täglichen Festen und Speisen aus silbernen Schüsseln. Der Müller schilderte Engelwertchen die herrlichen Speisen der Altenberger, die so wunderbar seien, wie sie der Sauhirt bisher weder gesehen, geschweige denn je gegessen haben könnte.

Der alte Geizkragen steigerte sich immer weiter in seine Verachtung hinein und schalt schließlich den armen Sauhirten lachend einen Narren, der in der Einsamkeit der Siegerländer Wälder ahnungslos seiner niederen Tätigkeit nachginge und die Welt nicht begreifen könne. Nachdem er ihm wiederholt hohnlachend gesagt hatte: „Engelwertchen, du bist ein Narr", stieg er den Berg hinunter, um seinen Bruder bei Martinshard zu besuchen.

Traurig stand Engelwertchen bei seinen Schweinen und war ziemlich ratlos über die Boshaftigkeiten des geizigen Müllers. Schon oft war er von anderen verspottet worden, ohne dazu einen anderen Anlass außer seiner Armut gegeben zu haben. In tiefe Gedanken versunken saß er auf einem Felsbrocken und schaute hinab ins Tal, wo weit unten das Dörfchen Krombach lag und der Turm der gerade neu errichteten Kirche noch von einem Gerüst umgeben war.

Plötzlich hörte Engelwertchen hinter seinem Rücken einen zarten Laut, der nach silberhellem Metall klang und eigentlich nicht in seine Waldeinsamkeit passte. Er drehte sich um und sah zu seinem Erstaunen, wie die älteste und erfahrenste Sau seiner Herde mit ihrer Schnauze eifrig bemüht war, einen metallenen Gegenstand aus dem Waldboden zu wühlen. Als der Schweinehirt sich neugierig dem Fundort näherte, blitzte ihm im hellen Sonnenschein eine silbern glänzende Glocke entgegen, die vom eifrigen Borstenvieh freigewühlt worden war.

Ein Lebenstraum ging in Erfüllung. Er, der arme Schlucker und Versager, fand einen Schatz, der sein karges Leben verändern und ihn aus seiner Armut befreien würde! Da lag die silberne Glocke im hellen Sonnenschein, die Vögel zwitscherten die schönsten Melodien und Engelwertchen gingen voll seligem Glanz schier die Augen über. Doch wem gehörte nun dieser Schatz? Hatte er ihn verdient, weil seine Leitsau so ein schlaues Tier war? Wenn er die Worte des Müllers recht bedachte, so konnte er die Glocke verkaufen und mit dem Geld ein neues Leben beginnen. Nie mehr Schweine hüten müssen, alle Tage in schönen Kleidern gehen und vor allem sich satt essen können, wann immer er wollte. Engelwertchen lächelte selig bei dieser Vorstellung. Das Krächzen eines Eichelhähers weckte ihn aus dem schönen Traum vom neuen, unbeschwerten Leben. Engelwertchen schien es, als krächze der Vogel höhnisch die spottenden Worte des Müllers: „Engelwertchen, Engelwertchen, du bist ein Narr!"

Engelwertchen überlegte: Eine Glocke gehörte doch immer zu einer Kirche oder Kapelle, sie war also Gott geweiht und sollte daher nicht als geheime Quelle des Reichtums für einen armen Sauhirten dienen. Engelwertchen war zwar arm, aber nicht dumm, und eine ehrliche Haut dazu. Er wusste, dass die Krombacher für ihre neu gebaute Kirche noch keine Glocke hatten. Denn eine neue Glocke gießen zu lassen, war teuer, und allein der Bau des Gotteshauses war der kleinen und armen Gemeinde schon sehr schwergefallen. Doch was war eine Kirche ohne Glocke? Schließlich forderte sie sonn- und feiertags nicht nur zum Messgang auf, sondern sie warnte bei Feuer und Überfällen die Menschen vor Gefahr und begleitete sie auch auf ihrem Weg zur letzten Ruhe. Also fasste Engelwertchen den Entschluss, den Krombachern im Tal die silberne Glocke zu Kirchweih zu schenken. So hätte die Gemeinde etwas davon und auch er selbst würde auf seiner Höhe stets vom silberhellen Geläut erfreut werden.

Der Sauhirt band aus mehreren starken Ästen eine feste Schleppe, auf die er die schwere Glocke legen konnte, und zog seinen Fund hinunter ins Tal nach Krombach. Dabei verfolgte ihn noch immer das höhnische Krächzen des Eichelhähers: „Engelwertchen, Engelwertchen, du bist ein Narr!". Oder war das die bösartige Stimme des geizigen Müllers, die in seinem Kopfe nachhallte?

Kaum war er in Krombach angelangt, so sprach es sich wie ein Lauffeuer unter den Dörflern herum: „Engelwertchen hat eine silberne Glocke im Wald gefunden, die er der neu gebauten Kirche stiften will." Noch stand das Baugerüst um den Kirchturm und so war die Glocke schnell in die Turmspitze gezogen, von der alsbald hoch über Krombach der silberhelle Schlag der Glocke zur Freude der Menschen erklang. Engelwertchen durfte sich am gleichen Abend im Dorfkrug richtig satt essen und einige Humpen des guten Krombacher Bieres verhalfen ihm zu einem tiefen, traumlosen Schlaf.

Doch immer wenn jemand etwas Gutes tut, kommen auch Neider auf den Plan. Und schon am darauffolgenden Tag verbreitete sich das Gerücht, Engelwertchen hätte die Glocke gestohlen. Urheber dieser Unterstellung war der missgünstige Müller. Schnell vergrößerte sich die Zahl der Einfältigen und Neidischen und alsbald wurde Engelwertchen, der gar nicht wusste, wie ihm geschah, vor den Richter geschleppt. Vor Gericht war niemand mehr, der den Mut hatte, Engelwertchen zu verteidigen. Auch die wohlmeinenden unter den Krombachern beugten sich dem Druck der Schreihälse und Engelwertchens Erklärung des Fundes fand kein Gehör. So wurde der arme Sauhirt schließlich wegen besonders schweren Diebstahls von Kircheneigentum zum Tod am Galgen verurteilt. Noch am selben Tag wurde auf dem Dorfplatz ein Gerüst errichtet, auf dem Engelwertchen am nächsten Tag gehenkt werden sollte.

Als der arme Sauhirt am darauffolgenden Morgen unter den Augen aller Krombacher, begleitet von Spott und Schadenfreude, die Leiter zum Galgen hinaufstieg, da erklang plötzlich die Glocke vom Turm und begann mit Menschenstimme zu sprechen: „Wohl tausend Jahr war ich gefangen im Kindelsberg, bis mich Engelwertchen wieder ans Licht der Welt gezogen hat, um für euch zum Gottesdienst zu läuten. Lasst Engelwertchen frei und nehmt statt seiner den üblen Ränkeschmied, der falsches Zeugnis nicht nur gegenüber dem armen Sauhirten abgelegt hat und auch auf diesem Platze steht".

Sofort war der Menge klar, wer der Verleumder war. Engelwertchen wurde befreit und der scheinheilige Müller ergriffen und zum Galgengerüst gezerrt. Es half ihm nicht, dass er in Todesangst schrie, sein Geld den Armen zu geben und als Eremit bis an sein Lebensende in der Waldeinsamkeit seine Sünden zu büßen. Die Krombacher glaubten ihm nicht und riefen: „Hängt ihn auf! An den Galgen mit ihm, er hat uns lang genug verachtet, verspottet und verhöhnt!"

Der Müller bekam seine gerechte Strafe, während Engelwertchen wie benommen zurück zu seiner Herde ging. An einem Tag war er als Held gefeiert worden, um schon am darauffolgenden unschuldig dem Tod ins Auge schauen zu müssen. Fortan lebte er wieder wie zuvor allein mit seinen Tieren im Wald und freute sich jedes Mal über den Klang „seiner" Glocke, wenn diese an Sonn- und Feiertagen die Krombacher zur Kirche rief.

Das Fräulein vom Kindelsberg

Einst stand eine vieltürmige Burg auf dem mächtigen Kindelsberg, von deren hohen Türmen man einen weiten Blick über die Höhen und Wälder des schönen Siegerlandes bis hin zum rheinischen Siebengebirge hatte. Hier im nördlichen Teil des Siegerlandes, nahe der westfälischen Grenze, stand die Kindelsburg, erbaut und bewohnt von den mächtigen Rittern vom Kindelsberg. Diese waren ein streitbares Geschlecht, wenn es um ihre Rechte ging, hielten aber auch auf gute Nachbarschaft zu den Adelsfamilien der angrenzenden Gebiete. Vornehmlich zu den in Südwestfalen sehr angesehenen Grafen von Altena, die sich nach ihrem neuen Hauptsitz Grafen von der Mark nannten, pflegten die Ritter vom Kindelsberg freundschaftliche Bande. Etwas kühler waren die Beziehungen zu den Rittern vom Geißenberg oder den machtbewussten Grafen von Nassau-Siegen. Denn zuweilen erwuchsen aus der direkten Nachbarschaft einige Probleme um Wege-, Wald- und Wildrechte.

Einst wurde dem Ritter auf der Kindelsburg ein wunderschönes Töchterlein geboren, dass nach einer sorgenlosen Kindheit zu einer lieblichen Jungfrau heranwuchs. Nicht nur ihr Vater betrachtete dies mit Stolz und Freude, auch der alte Graf Adolf von der Mark, der hin und wieder zu Besuch auf der Kindelsburg weilte, fand Gefallen an dem jungen Mädchen, zumal sein Sohn Engelbert deutlich seine Zuneigung zu ihr zeigte. Und schon

Der sagenumwobene Kindelsberg.

bald dachten die beiden Familienoberhäupter, trotz des höheren Adelsstandes der Märker, an einen Ehebund ihrer beiden Kinder.

Nachdem sich die Verliebten ihrer Zuneigung versichert hatten und bevor die Verlobung gefeiert wurde, beichtete der junge Graf Engelbert seiner zukünftigen Frau jedoch ein Geheimnis: Er hatte bereits vor langer Zeit bei Gott geschworen, an einem Kreuzzug teilzunehmen, um die heilige Stadt Jerusalem von den Heiden zu befreien. Und daran, so Engelbert, müsse er sich halten.

So kam nach einigen Wochen tatsächlich der Tag des Abschieds. Die Verliebten versicherten sich gegenseitig unter heißen Tränen ewige Treue und Engelbert beschwor die Linde an der Burgmauer, unter der sie oft glücklich gesessen hatten, mit den Worten: „Liebste, so lange die Linde immer wieder ergrünt, lebe ich weiterhin für dich, wenn aber der Baum verdorrt, so bin ich nicht mehr und du bist in deinen Entscheidungen frei".

Traurig verabschiedete sich am nächsten Tag der junge Held und ritt mit seinen Knappen, den Ersatzpferden und der umfangreichen Rüstung nach Süden, um sich dort dem Heer des Kaisers anzuschließen, dem er ja die Lehnstreue geschworen hatte. Lange noch schaute ihm seine Verlobte vom höchsten Turm der Burg nach, bis der Zug der Kreuzfahrer in den schattigen Wäldern des Siegerlandes verschwunden war.

Täglich betete sie in der Burgkapelle für seine glückliche Wiederkehr, wohl wissend, dass sie erst nach drei Jahren Gewissheit für die Zukunft ihres Lebens und ihrer Liebe bekommen würde. Die Linde war in jedem Frühjahr neu erblüht und das Leben des

Burgfräuleins ging seinen gewohnten Lauf, bis sich nach drei Jahren ein neuer Freier der Familie des Ritters vorstellte.

Elegant verbeugte sich der Ritter von der nahen Ginsburg und bat in wohlgesetzten Worten um die Hand der schönen jungen Rittertochter vom Kindelsberg. Diese erschrak fürchterlich und wies den jungen Mann mit deutlichen Worten zurück: „Wie du weißt, bin ich mit Engelbert von der Mark verlobt, dem ich ewige Treue geschworen habe. Und so lange die Linde am Tor noch jedes Jahr ergrünt, gibt es keinen Zweifel an seiner glücklichen Wiederkehr."

Der abgewiesene Freier verzog keine Miene, was ihm natürlich nicht leicht fiel, bedankte sich höflich für die offene Antwort, wünschte der Jungfrau und ihrer Familie alles Gute und ritt sinnend zu seiner Burg zurück. Also die grüne Linde stand seinem Glück buchstäblich im Wege! Das musste nicht für ewig sein. Mit seinem treuen Knecht durchsuchte er den nahen Wald und fand bald eine völlig verdorrte Linde von ähnlicher Größe wie ihre Schwester am Tor der Kindelsburg. Schnell wurde die dürre Linde ausgegraben und heimlich in der nächsten Vollmondnacht zum Kindelsberg geschafft, wo in nächtlicher Schwerstarbeit die Bäume ausgetauscht wurden.

Wie erschrak doch da die edle Jungfrau am nächsten Tag, als sie ihren Lieblingsplatz aufsuchte und die gestern noch grünende Linde völlig verdorrt vorfand. Eine eisige Hand legte sich auf ihre Brust, sie wurde kreidebleich, rang nach Luft und fiel schließlich ohnmächtig zu Boden. Der Wächter auf der Mauer bemerkte sofort die leblose Gestalt und man trug die Ohnmächtige in die Kemenate der Burg, wo man sie mit wohlriechenden Kräutern zurück ins Diesseits holte.

Schon wenige Tage später klopfte der Ginsburger Ritter wieder an das Burgtor und begehrte Einlass. Bleich stand die Jungfrau da und hörte den erneuten Antrag des Ritters. Dieser meinte, da ja nun die dreijährige Wartezeit vorbei sein und auch die Linde mitten im Sommer ihr Grün verloren habe, sei das Fräulein nun frei und könne seinen Heiratsantrag nicht länger abweisen. Doch voll Zorn und Trauer wies die Jungfrau den Heiratsantrag erneut ab: „Und wenn ich bis zum Sankt Nimmerleinstag warten müsste, euch heirate ich nie!" Sprach's und befahl den Knechten, den Ginsburger hinauszubegleiten.

Doch da wurde der Ritter von fürchterlichem Zorn übermannt und stieß dem Fräulein mit den Worten „Dann soll dich keiner haben, du eingebildetes Weib!" den Dolch mitten ins Herz. Und ehe noch jemand den Mörder festhalten konnte, sprang dieser auf sein Pferd und galoppierte zur Burg hinaus.

Noch am Abend dieses verhängnisvollen Tages erreichte Graf Engelbert, zurück vom Kreuzzug, mit seinem Knappen die Kindelsburg. Merkwürdig, wie ruhig es auf den Mauern und im Burghof war! Nur das Federvieh scharrte im Staub, niemand begrüßte die Weitgereisten, bis ein Jammern und Schluchzen aus der Burg ihnen den Weg wies. Eilig war Engelbert die Burgtreppe hinaufgeeilt und sah zu seinem unendlichen Entsetzen mitten im großen Saal seine Verlobte tot aufgebahrt und von den trauernden Burgbewohnern heftig beweint.

Die Jungfrau fand ihr Grab an der Stelle, wo die vertrocknete Linde stand. Und der Graf pflanzte eigenhändig einen neuen gesunden Lindenbaum auf den Grabhügel. Dem Ginsburger aber rückte er mit all seiner Macht vor die Burg und forderte ihn zum Zweikampf.

Dieser aber glaubte sich hinter den hohen Mauern in Sicherheit und wies den Herold hohnlachend zurück. Die Märker aber hatten auf dem Kreuzzug ganz neue Belagerungswaffen kennen gelernt, mit denen sie schon sehr bald die Burg eroberten. Der Ginsberger Ritter konnte nicht entkommen und wurde von Engelbert im Kampf getötet. Seine Burg aber machte man dem Erdboden gleich.

Der Kindelsberg

🕮 In der Siegerländer Mundart heißt dieses 618 Meter hohe Bergmassiv „Kingelschbricht“ und ist wohl der bekannteste Berg des nördlichen Siegerlandes. Viele Sagen und Mythen umwehen den heutigen topographischen Mittelpunkt der Stadt Kreuztal. Besonders die uralte Ringwallanlage gibt immer wieder Anlass zu neuen historischen Spekulationen. Der Kindelsbergturm, die Sendeanlage und die Kaisereiche krönen den Gipfel des Berges, der bereits seit dem 19. Jahrhundert ein beliebtes Ausflugs- und Wanderziel ist. Die Bergbauspuren führen Archäologen auf den frühen Eisenerzabbau des Siegerlandes vor gut 2.500 Jahren zurück, als die Kelten hier nicht nur Eisenerz förderten, sondern das begehrte Eisen auch vor Ort bearbeiteten.

Der Untergang der Ritterburg auf dem Kindelsberg

Auf dem sagenumwobenen Kindelsberg ragte einst ein mächtiges Schloss empor, die Kindelsburg. In diesem Schloss wohnten sehr stolze Ritter, die im Gegensatz zu vielen ihrer Standesgenossen zwar nicht die Kaufleute oder die arme Landbevölkerung ausplünderten, aber trotzdem einen gottlosen Lebenswandel führten. Sie waren nämlich Besitzer eines sehr ergiebigen Silberbergwerks, dessen Erträge sie unheimlich reich machten. Das viele Silber stieg ihnen derartig zu Kopf, dass sie vor aller Welt damit angaben und die Armen verlachten. In ihrem Übermut ließen sich die Ritter sogar ein Kegelspiel aus silbernen Figuren und Kugeln von einem Kunstschmied in Siegen anfertigen.

Doch bald schon war ihnen selbst diese Tollheit nicht genug. Die Ritter ließen sich von ihrem Gesinde aus dem besten Mehl große Kuchen wie Kutschräder backen und steckten diese auf die Achsen ihrer Wagen. Das war eine himmelschreiende Sünde, denn es gab sehr viele arme Leute, die hinter den Kutschen herliefen und die langsam abbröckelnden Kuchenkrümel aufsammelten, um ein wenig Nahrung zu erhaschen.

Dies erzürnte Gott so sehr, dass er eines Tages einen Boten sandte, um die Ritter vor ihrem Untergang zu warnen. Ein kleines weißes Männchen (ein Weißmännchen = wissendes Männchen) kam auf die Kindelsburg und prophezeite dem Herrn des Schlosses den Untergang, wenn die Ritter ihr gottloses Treiben nicht sofort beenden würden. Der Schlossbesitzer aber lachte nur ungläubig und das weiße Männchen prophezeite ihm: „Damit du mir glaubst, wird heute Nacht eine Kuh in deinem Stall zwei Lämmlein auf die Welt bringen."

Am nächsten Morgen sahen die Viehknechte dieses unvorstellbare Wunder und berichteten dem Ritter und seinen Standesgenossen, was im Stall geschehen war. Doch die Gottlosen lachten nur über so einen Unfug und fuhren mit ihrem bisherigen Lebenswandel unverändert fort. Einzig die Tochter des Ritters, eine schöne, fromme Jungfrau, die das Treiben im Schloss schon lange mit Abscheu erfüllte, zog sich in eine Waldklause zurück, wo sie mit einer alten Klausnerin Gott um Vergebung für die Schandtaten ihres Vaters und seiner Zechgenossen bat. Doch dafür war es bereits zu spät und nichts konnte mehr den Untergang der Kindelsburg aufhalten.

Eines Nachts, als im Wappensaal wieder einmal die wilden Gesellen zum Festmahl versammelt waren und bei edlen Speisen, Weinen und gutem Krumbacher Met prahlerisch feierten, brachen plötzlich überall im Schloss wie von Geisterhand gelegte riesige Brände aus. Dazu grollte der Kindelsberg unheimlich aus der Tiefe, bis plötzlich das Felsengestein unter der Burg brach. Und mit einem Donnerschlag versanken die brennenden Trümmer des einst so stolzen und reichen Schlosses im Inneren des Kindelsberges.

Noch heute soll in jedem Jahr in der Nacht des Unterganges ein Racheengel um die verschwundenen Mauern des einst so prächtigen Schlosses Kindelsburg durch die Lüfte heulen.

Der Räuberhauptmann Johann Hübner

Die Burg auf dem Geisenberg war schon lange nicht mehr bewohnt und die Bauern der Umgebung hatten die lose herumliegenden Steine klammheimlich fort geschafft, um beim Bau ihrer Häuser nicht noch lange die Steine für die Grundmauern behauen zu müssen. Sie wagten es jedoch nicht, die Steine der verfallenen Burg gänzlich abzutragen, gehörte diese doch immerhin den regierenden Grafen von Nassau.

Türbogen in der inneren Ringmauer der Ginsburg.

So blieben einige Mauerreste, Gewölbe und der Turm unberührt und ungenutzt, bis sich mit dem Räuberhauptmann Johann Hübner und seiner Bande Leute der alten Burg bemächtigten, die nun wirklich kein Sieger- oder Sauerländer als Nachbar haben wollte.

Nachts streiften die Räuber durch das Siegerland und heimlich gingen sie auch über die durch eine große und breite Hecke geschützte Grenze in das damals kölsche Westfalen, um den Bauern das Vieh von der Weide zu stehlen.

Von ihrem Räubernest auf dem Geisenberg aus hatten sie aber auch noch andere Beute im Visier. So konnten sie schon von weitem herannahende Händler mit ihren Wagen sehen, die ihren Weg durch den schlammigen Talweg nach Siegen suchten. Der Räuberhauptmann Johann Hübner hatte zwar nur noch ein Auge (das andere war ihm bei einem Gefecht mit der Obrigkeit ausgeschlagen worden), doch konnte er damit doppelt so gut sehen wie jeder andere. Mit seinen Raubgenossen hatte er vereinbart, dass, sobald er einen bestimmten Pfiff durch die Zähne stieß, seine Leute sofort sämtliche Tätigkeiten einstellten, um sich bewaffnet bei den Pferden zu versammeln. Dann schlichen die Räuber leise, die Pferde am Halfter führend, den Bergwald hinunter, banden die Gäule unter Aufsicht einiger Knechte an die nächsten Bäume und schlichen in einen vorher festgelegten Hinterhalt.

Solch ein Überfall auf einen reisenden Kaufmann wurde durch einige Bogenschützen eröffnet, die brutal die Fuhrleute von ihren Sitzen schossen. In der allgemeinen Verwirrung griff dann das Raubgesindel mit Schwertern und Spießen an, erschlug die sich wehrenden Kaufleute oder nahm Reisende als Geiseln, um ein hohes Lösegeld zu erpressen.

Diese Schandtaten blieben natürlich der Obrigkeit nicht verborgen, doch niemand wagte nach den Verbrechern zu forschen. Und die verfallenen Gemäuer der Ginsburg hatte bisher auch noch niemand der Landesbewohner als Schlupfwinkel der Räuberbande entdeckt. Der damals regierende Landesherr im nördlichen Siegerland war Graf Christian, genannt der Schwarze von Dillenburg, der es geschafft hatte, verschiedene Herrschaften des Nassauer Grafengeschlechtes zu vereinen. Die Bauern und Handelsleute kamen in seine Burg nach Dillenburg und klagten ihm ihr Leid von der nie endenden Bedrückung und Unsicherheit durch Johann Hübner und seine Räuberbande.

Der Graf versprach Abhilfe und sandte mehrere Spione aus, um den Sitz des Räubergesindels ausfindig zu machen. Unter diesen Männern war mit Hans Flick auch des Grafen bester Mann, der besonders bemüht war, seine Siegerländer Landsleute von der Räuberplage zu befreien. Flick durchzog also, Erkundigungen über Hübner und seine Bande einholend, die kleinen Dörfer des nördlichen Siegerlandes. Jedoch nicht hoch zu Ross, sondern wie ein normaler Handlungsreisender zu Fuß, um nicht aufzufallen. Er musste in der Tat sehr vorsichtig zu Werke gehen, denn auch Johann Hübner hatte seine Spitzel und Leute, die von ihm abhängig waren, weil sie ihm Pferde, Waffen oder Nahrungsmittel lieferten. Begehrt waren bei den Räubern natürlich auch Bier und Wein. Dies kauften die Räuber bei Händlern oder Brauern gegen großzügige sofortige Bezahlung, worüber selbstverständlich keiner der Beteiligten sprach.

Eines Tages traf Hans Flick in einer Schmiede einen riesigen Mann, der mit einem Brustharnisch bekleidet war, einen breiten Schlapphut und eine Augenklappe trug. Dieser lehnte sich über ein Rad und schaute dem Schmied interessiert zu, wie dieser ein Pferd mit neuen Hufeisen beschlug. Hans Flick war keine ängstliche Natur, schaute den Fremden prüfend an und sagte kühn heraus: „Nach eurem Aussehen müsst ihr der Räuberhauptmann Johann Hübner sein, gebt es zu!"

Der so Angesprochene verzog indes keine Miene und sagte verächtlich: „Johann Hübner liegt auf dem Rad!" Hans Flick erschrak, denn die Strafe des Räderns war Jahrhunderte lang das schändlichste Urteil bei einer Mordtat und anderen schweren Verbrechen. Johann Hübner, denn kein anderer war jener Mann, der sich in der Schmiede auf dem Rad räkelte, hatte dem Schmied die Anweisung gegeben, dem Pferd die Hufeisen verkehrt herum anzunageln. Misstrauisch geworden, blieb Flick in der Nähe der Schmiede. Als sich der Räuber gemächlich auf sein Pferd gesetzt hatte, sprach er Flick mit den Worten an: „Gute Grüße an deinen Herrn, doch beim nächsten Mal brauche ich derbe Fäuste und nicht einen Kerl, der noch grün hinter den Ohren ist!"

Verdutzt und etwas verärgert stand Hans Flick da, als Hübner davonritt. Doch schnell hatte er sich gefasst und beim Schmied für gutes Geld ein Pferd geliehen, mit dem er den Spuren Hübners folgte. Diese war nicht zu verfehlen, zeigten die verkehrtherum aufgenagelten Eisen doch in die entgegengesetzte Richtung.

Als es dunkelte, erreichte der wackere Hans Flick eine einsame Viehhütte, in der er den Gaul unterstellte. Da der Himmel aber wolkenlos und es die Zeit des Vollmonds war, konnte Flick der Spur Hübners im Mondlicht folgen, die in Richtung des Wähbachs zeigte. Leise schlich er durch das dicht von Bäumen und Sträuchern bewachsene Gelände, sorgsam die Abdrücke der Hufeisen im Auge behaltend. Nach geraumer Zeit vernahm Flick Stimmengewirr und rohes Männerlachen. Als er näherkam, öffnete sich vor ihm eine Wiese, auf der es sich eine Gruppe von Männern um ein Feuer herum bei Spießbraten und Bier gemütlich gemacht hatte. Hans Flick erkannte unter ihnen auch sofort jenen Mann aus der Schmiede mit dem Schlapphut und der Augenbinde. Johann Hübner, der Räuberhauptmann, gab gerade lachend die Geschichte von dem tumben Spion des Grafen zum Besten.

Das ergrimmte den guten Hans Flick und schnell eilte er zurück zu der Viehhütte, wo er sein Pferd losband und zum Grafen Christian galoppierte, der mit seinen Soldaten bereits ungeduldig auf ihn wartete. Um die Räuber nicht durch Geräusche zu warnen, wurden den Pferden Moos und Farne um die Hufe gebunden, und die letzte kleine Wegstrecke gingen der Graf und seine Leute neben den Pferden. Erst kurz vor der Waldwiese schwangen sich die Männer wieder in die Sättel, um mit lautem Hurra über die Bande herzufallen.

Die völlig überraschten Räuber, die Bäuche voll mit gebratenem Ochsenfleisch und einigen Humpen des guten Siegerländer Bieres, leisteten nur wenig Gegenwehr. So fiel denn einer nach dem anderen unter den wütenden Streichen der Soldaten des Grafen. Schließlich wehrte sich nur noch Johann Hübner gegen die Angreifer, die ihn umzingelt hatten, um sich auf ein Kommando hin auf ihn zu stürzen. Da gebot jedoch Graf Christian Einhalt, um selbst mit dem Räuber und Mörder abzurechnen. Dieser blutete schon aus einigen Wunden und selbst seine enormen Kräfte erlahmten. Mit einem gewaltigen Schlag vermochte Graf Christian seinen Gegner endlich niederzustrecken.

Die Rächer zogen daraufhin zur verfallenen Ginsburg, wo Graf Christian am Fuß des Turmes ein großes Loch graben und mit Holz füllen ließ. Dann zündeten seine Männer das Holz an, das mit einer gewaltigen Flamme brannte. Nach einem Tag brach mit lautem Getöse der Turm in sich zusammen und zerschlug auch die noch verblieben Gewölbe, sodass die Ruine fortan nie wieder Räubern als Unterschlupf dienen konnte.

Den Geist des Räuberhauptmanns Hübner aber hört man noch oft wie von Dämonen verfolgt durch die stürmischen Winde jagen, denn er kann wegen seiner Untaten bis zum Jüngsten Tag keine Ruhe finden.

Die Siegerländer Mundart

🕮 Das besondere Merkmal der Siegerländer Mundart ist das markante, tief hinten in der Kehle gebildete „R", das beinahe „amerikanisch" klingt. Damit unterscheidet sich die hiesige Mundart deutlich von jener der westfälisch-sauerländischen Nachbarn. Das Siegerländische ist ein moselfränkischer Dialekt und gehört damit zum mitteldeutschen Sprachraum, der sich über Hessen und Thüringen bis nach Sachsen erstreckt. Durch das Siegerland verläuft auch die bedeutendste Sprachgrenze Deutschlands – die „Benrather Linie". Vom südlichen Düsseldorfer Ortsteil Benrath ausgehend zieht sie sich über den Kamm des Rothaargebietes bis nach Magdeburg und markiert damit auch die alte Stammesgrenze zwischen den Sachsen und Franken.

Der wollüstige Kaplan und sein gerechtes Ende

Eine weitere Sage erzählt von der Ginsburg und dem Räuber Johann Hübner, dessen Treiben weit über das Siegerland und Westfalen hinaus berüchtigt war.

Die Hilchenbacher „Schlossberg-Raubritter“ machen die Sagen um Johann „Hans“ Hübner auf der Ginsburg wieder lebendig.

Johann Hübner war mit einer edlen Frau aus dem Geschlecht derer von Hohenseelbach verheiratet, mit der er einen Sohn hatte. Aufgrund seiner Raubzüge, die bis ins Rheinische und Hessische gingen, nahm er sich für seine Familie jedoch keine Zeit. Die Sorgen seiner Frau waren ihm ebenso egal wie die Erziehung seines Sohnes. Sein Gesinde konnte daher in seiner Abwesenheit auch frei schalten und walten, wie es ihm beliebte. Und waren die Räuber wieder einmal auf der Ginsburg, veranstalteten sie stets große Trinkgelage und vergnügten sich mit dem liederlichen Gesinde.

Wohl mehr zum Spott des unseligen Treibens gab es in den verfallenden Gemäuern der einst stolzen Ritterburg sogar einen Hauskaplan. Dieser war ein verstoßener Mönch, der seinem Kloster entlaufen war, weil er durch seine Wollust und Heimtücke nicht zum Diener Gottes taugte und sich lieber mit Schelmen und Dirnen abgab als mit ehrlichen Mitmenschen.

So erregte eines Tages die edle und tugendhafte Gemahlin Johann Hübners die wollüstigen Begierden des Kaplans. Die fromme Frau saß oft einsam in ihrer Kemenate und betete zu Gott um eine gute Zukunft für ihren heiß geliebten Sohn. Am liebsten wäre sie ja zurück zu ihrer Familie gegangen, doch die Hochzeit galt ihr als guter Christin als unauflösliches Sakrament. Einzig ins Kloster hätte sie fliehen können, um dem gottlosen Treiben auf der Ginsburg zu entgehen, indes hätte sie ihren Sohn dann im Stich lassen müssen.

In ihre Einsamkeit trat mit leisen Schritten der falsche Kaplan, der ihr scheinbar tröstende Worte zuflüsterte. Die ehrbare Frau erkannte jedoch schnell die wahren Absichten des Mannes. Also schwieg sie zu den in seiner Lüsternheit immer kühner werdenden Schmeicheleien des Kaplans. Eines Tages deutete dieser ihre Zurückhaltung als Zustimmung und wagte es, sie an sich zu reißen. Voll Abscheu stieß die Frau den Versucher zurück und gegen die Mauern ihrer Kemenate. Wütend und wild fluchend verschwand der ungebetene Gast. Auf Rache sinnend ging er zum Saal der Burg, wo das Gesinde mit den Räubern um Johann Hübner wieder einmal ein wüstes Gelage feierte.

Mit zweien der Zecher, die ihm willig beistanden, stürmte der verschmähte Kaplan sodann zurück in die Kemenate der Frau, die geknebelt und gefesselt in eine der hintersten Zellen des Burgverlieses gesperrt wurde, damit ihr Stolz gebrochen würde.

Nachdem im Laufe des darauffolgenden Tages der arg benebelte Johann Hübner erwacht war, teilte ihm der falsche Kaplan ganz beiläufig mit, dass seine Gemahlin erkrankt sei und nicht aufstehen könne. Johann Hübner solle sich jedoch nicht sorgen, so der Kaplan, er würde sich mit einer Magd um die Kranke kümmern. Dem Räuber war das egal. Hauptsache, er hatte seine Ruhe und konnte sich von seinem Trinkgelage erholen.

Als Hübner an einem der nächsten Tage zu einem neuen Raubzug aufbrach, eilte ihm der Kaplan nach, um ihm mitzuteilen, dass es seiner Gemahlin sehr schlecht ginge. Mit einem wüsten Fluch befahl Hübner jedoch seinen Gefolgsleuten den Aufbruch. Da die Vorräte aufgebraucht seien, könne er auf seine Frau keine Rücksicht nehmen.

Kaum war Hübner aufgebrochen, hatte der Kaplan freie Bahn und konnte sich an der im Burgverlies eingesperrten Frau vergehen und seiner Wollust frönen. Niemand hörte ihr Schluchzen, sah ihre Tränen oder fragte, wohin die Edelfrau entschwunden sei.

Als nach etlichen Woche die Räuberbande, Pferde und Wagen hoch mit Beute beladen, wieder zur Ginsburg zurückkehrte, trat der unselige Kaplan Johann Hübner demutsvoll mit den Worten entgegnen: „Edler Herr, leider ist deine Gemahlin vor fünf Tagen eines gottseligen Todes gestorben. Ich habe ihr im Burggarten in aller Stille ein christliches Begräbnis werden lassen.“ Brummend fragte Johann Hübner nach seinem kleinen Sohn, der vom Kaplan zu einer Amme nach Hilchenbach gebracht worden war, um dort mit anderen Kindern aufzuwachsen. Dem Räuberhauptmann war das recht, da er sich sowieso nicht um das Kind kümmern würde, und gab dem falschen Kaplan einen Silbergulden für die Amme.

Der erfolgreiche Raubzug wurde noch am selben Abend mit einem großen Gelage gefeiert. Und als Johann Hübner schon wohlbezecht war, machte ihm der schurkische

Kaplan den Vorschlag, sich recht bald wieder zu verheiraten. Eine passende Braut hätte er bereits parat, so der Kaplan. Und zwar seine Schwester, die über vielerlei Reize verfüge und gewiss kein Kind von Traurigkeit sei. Johann Hübner hatte keine Bedenken, erneut zu heiraten, und so wurde er schon kurz darauf in der alten Burgkapelle vom Kaplan getraut. Die ganze Räuberbande und das Gesinde der Burg feierten sieben Tage lang eine wahre Räuberhochzeit, bei der Ströme von Bier und Wein flossen und viele Ochsen, Schweine, Schafe und Hühner ihr Leben lassen mussten. Kein Wunder, hatte Johann Hübner doch beinahe das gesamte Raubgesindel des Siegerlandes eingeladen, mit ihm seine Hochzeit zu feiern.

Mit den Wochen verlor der Kaplan jedoch die Lust an der nun als verstorben geltenden Gemahlin Johann Hübners und beschloss, sie in dem Verlies sterben zu lassen. Er warf den Schlüssel zu der Zelle fort und war sich sicher, dass niemals jemand hinter seine schurkische Tat käme.

Indes hatte der Bruder der Frau, einer der Ritter von Hohenseelbach, aufgrund des plötzlichen Verschwindens seiner Schwester heimlich Nachforschungen angestellt. Und dank eines ebenso geschwätzigen wie geldgierigen Knechts auf der Ginsburg erfuhr er von dem abscheulichen Verbrechen des Kaplans. Da ein gewaltsamer Befreiungsversuch aufgrund der gut befestigten Burg und ihrer zahlreichen Verteidiger aussichtlos erschien, reifte der Plan einer heimlichen Befreiung. Mit Hilfe des verräterischen Knechtes gelangten der Hohenseelbacher und einige Helfer durch einen längst vergessenen geheimen Gang von außen in das Verlies. Dort konnten sie die Frau befreien, die inzwischen dem Tod näher war als dem Leben. Auf der elterlichen Burg auf dem Hohenseelbachkopf erholte sich die Geschundene in langen Monaten von den Strapazen.

Währenddessen glaubte der falsche Kaplan die erste Frau Johann Hübners längst verschieden, darum wollte er ihres Sohnes habhaft werden, um ihn als den zukünftigen Besitzer der Burg zu verderben. Doch als er ihn bei der Amme in Hilchenbach holen wollte, waren ihm die Hohenseelbacher bereits zuvorgekommen und hatten den Knaben auf ihre Burg gebracht, wo er von seiner Mutter überglücklich wieder in die Arme geschlossen werden konnte.

Einige Jahre zogen ins Siegerland und der Knabe war zu einem stattlichen jungen Mann herangereift. Erzogen in den Tugenden eines Ritters durch seinen Onkel, den Ritter von Hohenseelbach, und als gottesfürchtiger Christ durch seine stille, liebevolle Mutter. Dank eines schreibkundigen Priesters auf der Burg hatte er auch die für einen damaligen Ritter seltene Kunst des Lesens und Schreibens erlernt.

Vor dem Femegericht klagte der junge Ritter den falschen Kaplan wegen seiner Taten an und forderte auch sein Erstgeburtsrecht als Sohn des Raubritters Johann Hübner ein. Die Richter erkannten anhand unanfechtbarer Dokumente seine Rechte an und zitierten sowohl den Kaplan als auch Johann Hübner vor die Feme. Dort stand der Raubritter unter der Gerichtslinde nach etlichen Jahren seiner lange totgeglaubten ersten Frau und seinem jungen Sohn gegenüber. Zutiefst erschüttert gestand er seine Schuld gegenüber seiner Familie ein und setzte seinen Sohn als Alleinerben ein. Nachdem er noch eine hohe Geldstrafe akzeptiert hatte, ritt Johann Hübner zur Ginsburg zurück.

Unter der Gerichtslinde fällten die Schöffen noch ein weit strengeres Urteil: Der falsche Kaplan und seine beiden mitschuldigen Helfer wurden aufgrund ihrer schrecklichen Tat an der Edelfrau von Hohenseelbach im Eichenwald aufgehängt.

Johann Hübner, mit den Jahren alt und grau geworden, wurde von seiner jungen liederlichen Frau immer öfter hintergangen. Denn ohne Zähne und mit tiefen Falten wird auch der übelste aller Räuber zum klapprigen grauen Wolf.

Die Sage vom Fiedler und der Nixe oder Die unbezahlte Schuld

Im Mühlenteich zu Littfeld lebte einst eine Wassernixe namens Cary, die den Menschen manch üblen Streich spielte. Besonders auf den Müller hatte sie es abgesehen, da dieser durch sein Mühlrad immer wieder das Wasser im Mühlenteich bewegte und so ihre Ruhe störte. Zudem war er ein sehr falscher Mensch.

Anfangs holte die Wassernixe nur die zum Bleichen und Trocknen ausgelegte Wäsche von der Wiese, riss ein paar Knöpfe von den Hemden und zog die Wäschestücke in ihr Reich. Der Müller hatte oft alle Mühe, dass die Wäsche nicht ins Mühlrad geriet und dort zerrissen wurde. Mit der Zeit aber wurde es immer schlimmer mit der Nixe, denn es gab viel zu mahlen. Da die eigentlichen Besitzer der Mühle die Ritter von Holdinghausen waren, hatten sie die Mühle zur Bannmühle bestimmt und die abhängigen Bauern durften nur hier ihr Korn zu Mehl mahlen lassen. Das Mühlrad lief daher vom frühen Morgen bis zum Sonnenuntergang und in der Erntezeit noch die halbe Nacht.

Die Wassernixe wurde ob der Störung ihrer Ruhe immer ungehaltener und dreister, riss Enten, Hühner und schließlich auch Ziegen und Schweine von der Wiese hinab in die Tiefe des Mühlteiches. Der Müller beklagte sich deshalb bitter bei den Rittern von Holdinghausen, doch die lachten ihn aus. Als Jäger würden sie wohl dem edlen Weidwerk frönen, doch Wassernixen gehörten eindeutig nicht zu ihrer Jagdbeute. Mit Cary müsse der Müller also schon alleine fertig werden. So blieb diesem nichts weiter übrig, als wohl oder übel weiter das Wüten der Nixe zu ertragen.

Im ruhigen Frühjahr, als das gesamte Korn gemahlen war, sollte mit den Knechten der Mühlstein geschärft werden. Also legte man den Stein abends auf die Wiese vor der Mühle. Am nächsten Morgen aber war dieser verschwunden. Sofort fiel der Verdacht auf die Wassernixe. Kein Suchen und Flehen konnte den Stein zurückbringen. Ein wandernder Spielmann, der aus der Pfalz des Weges kam, hörte sich die Sorgen des verzweifelten Müllers an und versprach ihm, für einen Taler Lohn den Mühlstein zurückzuholen.

Nachdem der Müller in diesen Handel eingewilligt hatte, setzte sich der Spielmann mit seiner Fiedel um Mitternacht an den Mühlenteich und spielte darauf die lieblichsten Melodien, die er kannte. Nach einer Weile tauchte tatsächlich die Wassernixe auf. Freundlich forderte sie den Spielmann auf, bestimmte Weisen zu spielen. Der Musikus tat sein Bestes. Nachdem er ihr lange vorgespielt hatte, fragte sie ihn lächelnd nach seinem Lohn. Etwas verlegen, denn Cary hatte einen tiefen Eindruck bei ihm hinterlassen, bat er sie, den Mühlstein wieder ans Ufer zu legen.

Als dieser am nächsten Morgen tatsächlich wieder auf der Wiese lag, war der Müller hocherfreut. Doch da er im Grunde seiner Seele ein geiziger und hartherziger Mann war, glaubte er, dass die Sache nun mit einem „Vergelt's Gott, Spielmann!" abgetan sei. Seine Frau war damit gar nicht einverstanden und tadelte ihren Mann: „Das ist nicht recht. Du hast einen Taler versprochen und jede gute Arbeit ist ihres Lohnes wert".

Der geizige Müller aber herrschte seine Frau an: „Weib, halte dich da heraus, ich entscheide!" Peinlich berührt hörte der Spielmann den Streitenden zu und sagte schließlich zu den Müllersleuten: „Ihr werdet es noch bereuen, mich so schäbig behandelt zu haben. Cary wird euch heftig schaden und du, Müller, wirst deinen Geiz noch bitter beweinen." Mit einer traurigen Melodie auf seiner Fiedel zog der Spielmann seines Weges und ward nie wieder im Siegerland gesehen.

Als am nächsten Tag des Müllers Tochter, ein freundliches Wesen von wenigen Jahren, auf der Wiese vor dem Teich spielte, kam plötzlich die Wassernixe aus dem dunklen Grund und zog das ahnungslose Kind in die Tiefe. Vergeblich suchte man mit langen Stangen das kleine Mädchen im Mühlenteich. Der beherzte Knecht des Müllers tauchte sogar hinab in das dunkle Nass, doch das Kind wurde nicht mehr gefunden.

Die Müllersleute wurden fortan nicht mehr glücklich, denn die Müllerin konnte ihrem Mann nie verzeihen, das Glück der Familie für nur einen Taler zerstört zu haben. Noch heute konnen die Dorfbewohner nachts am Mühlenteich das Jammern und Wehklagen der untröstlichen Müllersfrau vernehmen, die ruft: „Nixe, Nixe! Gib mir mein Kind zurück!"

Der Untergang der Stadt Altenberg

Auf dem Ziegenberg oberhalb von Müsen findet man die Reste der verschwundenen Stadt Almerich oder Altenberg. Die Bewohner dieser Stadt hatten das Glück, viel Silber in ihrem Stadtgebiet unter der Erde zu finden. So wurden sie immer reicher, doch

Reste der einstigen Burgbau-Siedlung Altenberg (Almerich).

zugleich auch hochnäsiger und gottloser. Sie fuhren in silbernen Kutschen, kegelten mit silbernen Kugeln auf silberne Kegel und vergaßen die Armen.

Der sagenhafte Reichtum der Stadt war weit bekannt und als eine große Hungersnot ausbrach, kamen die Hungernden nach Almerich und bettelten bei den reichen Bewohnern um ein wenig Brot, die große Not zu lindern. Diese aber waren so hartherzig geworden, dass sie nicht nur ihre Hunde auf die Bettelleute jagten, sondern sogar Wagenräder aus Kuchen buken, um die Armen zu verhöhnen und ihnen ihre Verachtung zu zeigen.

Ihr Hochmut war schier unerträglich und Gott sandte ihnen darum als Warnung ein Vöglein, welches sich auf den Marktbrunnen setzte und sang:

O Almerich, Almerich, döh dich zo,
Et bliewt ken Herde bi dr Koh!

Als das Vöglein merkte, dass die Verstockten nur höhnisch lachten und nicht glauben wollten, dass der Untergang der Stadt bevorstehe, verkündete es ihnen, dass schon bald ein Wolf mit einer Schafherde friedlich durch Almerich ziehen würde. Doch selbst diese wundersame Warnung ignorierten die Gottlosen. Da verdunkelte sich plötzlich der Himmel und ein fürchterliches Ungewitter zog auf. Unter zuckenden Blitzen und grollendem Donner verschwand die Stadt mitsamt all ihren Bewohnern in der Tiefe des Ziegenberges.

Die Nassauer

Das seit dem 12. Jahrhundert regierende Herrscherhaus im Siegerland waren bis 1806 die Grafen und späteren Fürsten von Nassau, später Nassau-Siegen. Als Grafen von Laurenburg, so ihr früherer Name, erbauten sie sich an der unteren Lahn nahe dem heutigen Bad Ems eine starke Burg als Basis für ihren regionalen Aufstieg. Dieses unternehmungslustige (sprich: beutegierige) Grafenhaus nannte sich bald Grafen von Nassau und teilte sich im Laufe der Jahrhunderte in unterschiedliche Linien. Diese verschiedenen Zweige blieben schon mal ohne direkte Erben, sodass sie an eine andere Linie des Hauses weitervererbt wurden. Politisch galt immer ein Gesamthaus Nassau, die verschiedenen Residenzstädte oder Städtchen wie Weilburg, Dillenburg, Diez, Idstein, Hadamar oder Siegen zeugen noch heute von dieser Geschichte. Im Siegerland mussten sie sich die Herrschaft fast 200

Die Stadt Dillenburg, überragt vom Schloss mit dem markanten Wilhelmsturm.

Jahre mit den Kölner Erzbischöfen teilen, bis sie sich zu Beginn des 15. Jahrhunderts als die Stärkeren erwiesen und alleine regierten.
Der für uns interessanteste und bedeutendste Prinz der Nassauer ist Wilhelm von Nassau-Oranien, genannt der Schweiger, der im achtzigjährigen Freiheitskampf der Niederlande gegen die Spanier 1584 in Leyden ermordet wurde. Wilhelms Kampf begann 1568 auf der Ginsburg im Siegerland. Dort soll der Feldzug geplant worden sein und von dieser Burg aus marschierte er mit den angeworbenen Truppen zur Befreiung der Niederlande, um sich mit den aufständischen holländischen „Geusen" zu vereinigen. Heute gilt das aus dem Hause Nassau hervorgegangene niederländische Königshaus als eine der reichsten Monarchien der Welt. Die Großherzöge von Luxemburg sind übrigens auch aus dem ehemaligen Grafenhaus Nassau, Zweig Nassau-Weilburg, hervorgegangen.

Wilhelm von Oranien und die Waldfrau

Am Tag vor dem Abmarsch seiner Truppen zur Befreiung der Niederlande hielt Wilhelm der Schweiger eine letzte große Heerschau auf der Ginsburger Heide. Um seine glänzende Streitmacht anzuwerben, hatte er viele seiner Güter und Ländereien verpfändet. Auch der riesige Silberschatz, den er und sein älterer Bruder Johann VI. von ihrem Vater Wilhelm dem Reichen geerbt hatten, war zur Münze gebracht worden, um das notwendige Geld für den Feldzug zu prägen.

Langsam ordnete sich die Armee mit all ihren Angehörigen, dem stark bewaffneten Fußvolk und den berittenen Husaren, der Artillerie mit ihren Kanonen auf den schweren von Ochsen bespannten Planwagen, dazu der lange Tross. In diesem zogen die Frauen und Kinder der Landsknechte mit, die Marketenderinnen sowie das Vieh zur Verpflegung aller Teilnehmer des Kriegszuges.

Als sich der Zug gerade in Bewegung setzen wollte, wurde dem Oberkommandierenden Wilhelm eine alte blinde Frau ins Zelt geführt. Die kräuterkundige Waldfrau hatte schon mehr als einhundert Sommer gesehen und wusste um den Lauf der Welt und der Gestirne am Firmament, die das Schicksal der Erdbewohner bestimmten. Ungehalten fragte sie der Fürst nach ihrem Begehr. „Dass du mich anhörst, edler Herr, damit ich dir weissagen kann", antwortete ihm demütig die Alte. „Gut, so sprich. Aber schnell, denn wir sind mitten im Aufbruch in eine ungewisse Zukunft und die Zeit eilt durch die Sanduhr", antwortete Wilhelm barsch.

Denkmal Graf Wilhelms von Nassau-Dillenburg, genannt „der Schweiger“ und Befreier der Niederlande, in Dillenburg.

„Oranien", so sprach die Alte, „deinen Stern sehen meine toten Augen hell im Norden emporsteigen, zur Freiheit des dortigen Volkes und zum Ruhme deiner Nachkommen. Doch hüte dich vor dem Stahl des Mörders, selbst in geweihten Räumen!"

„Willst du mir schmeicheln oder drohen?", fragte Wilhelm.

Ruhig antwortete die Alte: „Du kannst meine Worte werten, wie es dir gefällt. Doch wenn du ein Zeichen willst, dass meine Worte wahr sind, so möge es geschehen. Mein Leben wird gleich vor deinen Augen nicht mehr sein." Und vor den Augen des Prinzen und seiner engsten Begleitung sank sie auf dem Boden des Zeltes leblos zusammen.

Das berührte die Herzen selbst der hartgesottenen Krieger und gerührt ließ Wilhelm die Alte an der Burgmauer der Ginsburg begraben. Den Grabhügel bepflanzte er mit einem jungen Lindenbaum.

Die Warnung der Alten auf der Ginsburg hatte Wilhelm nach vielen Jahren längst vergessen. Doch die Prophezeiung sollte sich erfüllen: Im Jahre 1584 traf der Stahl des Mörders Balthasar Gérard im Delfter Prinzenhof Wilhelm von Oranien tödlich.

Die Entstehung Marienborns

Wo heute die Ortschaft Marienborn liegt, breitete sich vor vielen Jahrhunderten ein großes Waldgebiet aus, in dem die Siegener Grafen gern dem edlen Waidwerk nachgingen. Eines Tages ritt der Graf wieder einmal auf die Jagd, begleitet von seinem zauberhaften Töchterlein Berta, dem Hofgefolge sowie Jägern und Treibern mit ihren Hunden. Im Verlauf der Jagd aber wurden Graf und Tochter getrennt. Dennoch pirschte Berta mutig allein nach dem Wild, hörte sie doch weiterhin den dunklen Ton des Jagdhorns und das Kläffen der Jagdhunde.

Plötzlich erscholl ein lautes Krachen im Unterholz und der allseits gefürchtete Raubritter Wolfgang von der Hardt verstellte ihr mit seinem schwarzen Rappen den Weg. Schon lange hatte er die Gelegenheit gesucht, sich der liebliche Grafentochter zu nähern. Nun wollte er die unverhoffte „Beute" auf seine Raubritterburg entführen. Sofort nahm er die Zügel ihres Pferdes und riss es mitsamt seiner Reiterin ins Dickicht des Waldes. Sodann ritt er zu einer Quelle tief im Waldesgrund, wo seine Räuberbande auf ihn wartete. Fröhlich stellte er seine edle Beute den Genossen vor und meinte leichthin, an dieser verborgenen Stelle würde man sicher nicht nach dem Mädchen suchen.

Da hatte der wilde Ritter aber die Rechnung ohne den Wirt gemacht, denn einer der Jäger hatte aus der Ferne die ruchlose Entführung gesehen und war den beiden fast bis zur Quelle gefolgt. Um nicht entdeckt zu werden, führte er sein Pferd zunächst ein gutes Stück weg von der Lagerstätte der Räuber und sprengte dann zu dem Grafen und seinem Gefolge, um die schändliche Tat zu offenbaren.

Der Graf teilte rasch seine Leute in zwei Trupps ein, um die Räuber von beiden Seiten anzugreifen, und sofort ritten die Jagdgenossen los, um die Grafentochter zu befreien. Von der Eisenschmelze herab ging die wilde Jagd zur Quelle, doch die Räuber versuchten zunächst auf dem Waldweg zu entkommen. Dort stellte sich ihnen aber der zweite Reitertrupp des Grafen in den Weg. Da band Wolfgang von der Hardt das Pferd des Ritterfräuleins an einen Ast und zog mit grimmiger Miene sein scharfes Schwert, um sich der Feinde zu erwehren. Doch so sehr er und seine Kampfgenossen auch um sich schlugen, es waren zu viele Gefolgsleute des Grafen zur Stelle. Die Räuber wurden bald überwunden und zum Schloss nach Siegen gebracht, wo sie für immer hinter dicken Kerkermauern verschwanden.

Der Graf aber dankte Gott für die Errettung seiner Tochter und beschloss, als Zeichen seiner Dankbarkeit ein Nonnenkloster am Fuße des Eisenbergs zu stiften. Hier sollten fortan die frommen Frauen für sein Seelenheil und das all seiner Nachkommen beten.

Das Kloster existiert schon lange nicht mehr, aber an der Marienquelle, wo einst Wolfgang von der Hardt die Grafentochter Berta gefangen hatte, entwickelte sich das Dorf Marienborn, welches heute zur Stadt Siegen gehört.

Die Teufelin von Kaan

Kaan war ein kleiner Weiler im nördlichen Siegerland, dessen Standort heute unbekannt ist. Er ist jedoch nicht zu verwechseln mit dem Siegener Ortsteil Kaan-Marienborn. Durch einige tragische Umstände wurde die kleine Ortschaft Kaan im Dreißigjährigen Krieg bis auf die Grundmauern zerstört und nie wieder aufgebaut, weil sich die wenigen Überlebenden in alle Winde verstreuten.

Ursache allen Unheils soll eine wunderschöne rothaarige Frau gewesen sein, die allen Männern, die in ihre Nahe kamen, den Verstand raubte. Sie war keine hohe Adelige, behütete keinen unterirdischen Schatz und war auch keine verwunschene Nonne, die einem Kloster entsprungen war, sondern eine einsame arme Frau, die in einer unterirdischen Höhle hauste. Doch sie war wunderschön und alle Männer verfielen ihrer Schönheit. Ihre Nahrung suchte sie in Wald und Feld und da sie davon allein nicht leben konnte, erbettelte sie sich von den schwer arbeitenden Holzhauern und Köhlern des Dörfchens ein wenig Brot und Wurst.

Die Männer waren von der Ausstrahlung der rothaarigen Schönheit ganz und gar geblendet, sie brachten ihr den guten Siegerländer Schinken und die lange im Rauch der Katen abgehangenen Würste in ihre kärgliche Behausung. Das gab natürlich viel Unfrieden in den armen Familien, wenn plötzlich die Wintervorräte verschwanden und die Männer keine Ruhe mehr hatten, die Abende mit ihren Frauen und Kindern zu verbringen.

Blick auf die Siegener Oberstadt mit der Nikolaikirche.

Natürlich erkannten die Frauen des Dorfes die rothaarige Frau als Ursprung der allgemeinen Zerwürfnisse in den Familien. Darum sannen die hintergangenen Hausfrauen auf Rache. Sie wollten die „Teufelin", wie die Rothaarige nun genannt wurde, töten, um die Männer zurück in ihre Familien zu führen.

Als die Frauen am Sonntag nach Ostern (Quasimodogeniti) in die Wälder zogen, waren sie besonders darauf bedacht, dass keiner ihrer Männer folgen würde, denn sie wollten die „Teufelin" suchen und töten. Sie wussten ungefähr, wo sich die „Teufelin" im Wald versteckt halten würde, und fanden endlich ihre Höhle. Die rothaarige Schönheit versuchte den wütenden Frauen zu entkommen, wobei ihr langes rotes Haar bei der Flucht aussah wie eine Brandfackel im Sommerwind.

Nach einer wilden Jagd stellten die wütenden Frauen von Kaan die Rothaarige schließlich im Rund eines Steinbruches, aus dem es kein Entkommen gab. Die „Teufelin" hielt ein jammerndes Kindlein an der Brust und blickte angstvoll auf die wütenden Frauen, die sie eingekesselt hatten. Eine der Frauen, deren Herz noch nicht zur Gänze verhärtet war, wollte der Verfolgten das Kind entreißen, um es zu retten. „Dieser Wechselbalg soll auch sterben!", schrien jedoch die anderen. Und keine christliche Nächstenliebe konnte den Tod von Mutter und Kind verhindern. Die wütenden Frauen bewarfen die beiden mit den überall herumliegenden Felssteinen, bis sie tot und unter einem Felshügel verschwunden waren.

Die Männer konnten an diesem Tag in Kaan nur Hirse kochen und wunderten sich, dass ihre Frauen unauffindbar waren. Darum gab es an diesem Sonntag Quasimodogeniti fortan nur noch Hirsebrei.

Der Dreißigjährige Krieg zog sich noch viele Jahre hin. Eines Tages nahm ein Trupp kaiserlicher Kroaten das Dorf in Besitz. Der Feldwebel, der die Söldner anführte, ließ die Dörfler wissen, dass die beiden Getöteten seine Frau und sein Kind waren. Zur Strafe ließ er das gesamte Dorf niederbrennen. Seitdem sind alle Spuren von Kaan verwischt und vergessen und niemand kennt mehr die Stelle, wo das Dörfchen einst gestanden hat. Die Sage von der „Teufelin" aber hat sich bis heute erhalten.

Das Siegerland im Dreißigjährigen Krieg

📖 Die Kampfhandlungen des Dreißigjährigen Krieges erreichten das Siegerland erst einige Jahre nach Beginn des Konfliktes zwischen Katholiken und Protestanten. Als Gebirgsland war es kein Durchgangsland, die großen und kleineren Truppenverbände zogen günstigere Marschbedingungen wie z.B. den Hellweg oder das Rheintal vor. Allerdings gehörten die damals vier nassauischen Grafschaften zur protestantischen „Union" und waren mit dem pfälzischen Kurfürsten verbündet.

Als König von Böhmen verlor Friedrich V. in der Schlacht am Weißen Berg bei Prag 1620 nicht nur Böhmen, sondern auch seine pfälzischen Länder, die von den Spaniern besetzt wurden.
Indirekt wurde die Grafschaft Nassau-Siegen dann 1621 vom Krieg betroffen, denn in Kreuznach residierte der spanische Oberbefehlshaber Spinola, dessen Truppen die kurpfälzischen Länder besetzt hatten. Die vier regierenden nassauischen Grafenhäuser wurden von ihm als Verbündete des ehemaligen Kurfürsten von der Pfalz als ein Gesamthaus angesehen und zu hohen Kontributionen herangezogen. Also mussten die gräflichen Vettern und damit die Bevölkerung zahlen, wenn sie verhindern wollten, dass ihre Grafschaften von den übermächtigen Spaniern ausgeplündert wurden. Doch die Besetzung des Siegerlandes kam von ganz unerwarteter Seite.
Graf Johann, der zweite Sohn des Grafen Johann VII., beanspruchte nach dem Tod seines Bruders Ernst 1617 die Nachfolge in der Grafschaft Nassau-Siegen. Er wurde auch nach dem Tod des Vaters als Johann VIII. Herr der Grafschaft und zwar mit einem äußerst pikanten Beigeschmack: Johann war heimlich (als fromm erzogener calvinistischer Grafensohn) zum katholischen Glauben übergetreten und daraufhin von seinem entsetzten Vater enterbt worden. Doch mit dem damaligen habsburgischen Kaiser Matthias hatte er einen überaus starken Verbündeten, der das väterliche Testament für nichtig erklärte und ihm die Grafschaft zusprach. Als sein Vater Johann VII. im Jahre 1623 verschied, konnte er mit Hilfe kaiserlicher Truppen Nassau-Siegen besetzen. Allerdings verstand es der neue katholische Graf, durch eine neutrale Haltung sein Land vom Kriegsgeschehen erst einmal fern zu halten. Johann VIII. setzte den einmal gewählten Weg fort, indem er versuchte, das Ländchen mit Hilfe der Jesuiten wieder zurück zum katholischen Glauben zu führen. Das Netphener Land, auch Johannland genannt, zeugt noch heute von seinem religiösen Eifer, denn viele Familien aus dieser Gegend sind bis heute katholisch geblieben.
Schwer leiden mussten die Menschen im Siegerland, als die Schweden 1632 das für sie nun feindliche Territorium besetzten, obwohl die Mehrzahl der Einwohner Calvinisten waren.
Nach dem Tode Johanns VIII. wurde 1638 sein Halbbruder Georg Friedrich regierender Graf und nach der Erhebung in den Fürstenstand 1664 regierender Fürst von Nassau-Siegen. Zwar leitete er erfolgreich die Rückkehr des Siegerlandes zum Calvinismus ein, doch viel aufgehalten hat er sich in seinem Fürstentum wohl nicht. Graf Georg Friedrich war von 1648 bis 1658 Statthalter von Rheinberg und ab 1648 Gouverneur von Bergen op Zoom. Er starb 1674. Sein Nachfolger wurde

Überall im Siegerland finden sich wie verwunschen wirkende Wege und Pfade.

Johann Moritz von Nassau-Siegen, genannt der Brasilianer, der im Dienst der Republik der Vereinigten Niederlande zeitweilig Gouverneur der Besitzungen der Niederländischen Westindien-Kompanie in Brasilien war.

Johann Moritz war der interessanteste Fürst seines Fürstentums, denn durch seine naturhistorischen und ethnographischen Sammlungen veränderte er das Bild der Neuen Welt in Europa. Auch in der Bau- und Gartenkunst sowie im kunst- und kulturhistorischen Bereich leistete er Repräsentatives. Er war es auch, der Siegen im Jahre 1658 das Krönchen auf der Nikolaikirche stiftete.

Die tolle Berta

Nördlich von Rödgen in der Nähe von Wilnsdorf stand vor vielen hundert Jahren eine starke Burg, deren Herren üble Raubritter waren. Unter Führung eines verarmten Ritters überfielen sie nicht nur die durchreisenden Kaufleute, sondern bedrückten auch die Bauern im nassauischen und hessischen Umland in ärgster Weise.

An den Überfällen war auch die schöne Frau des Anführers beteiligt, welche die tolle Berta genannt wurde und stets auf einem Schimmel ritt. Berta war eine Frau von betörender Schönheit, mit roten Lippen und lang herabwallendem, schwarzem Haar. Nicht nur bei den Raubzügen war sie dabei, sondern auch bei den ewigen Trinkgelagen auf der Burg hielt sie mit den geübten Trinkern mit. Wobei erzählt wird, dass sie mit einem kleinen Hebel in ihrem Krug den Wein oft versenkt und bei Gelegenheit fortgegossen haben soll.

Die Bauern verzweifelten schier an der Gerechtigkeit und baten die Ritter der Umgebung sowie den Landesherrn um Schutz vor dem Raubgesindel. Nachdem dieser zugesagt worden war, beschloss man, in einer hellen Maiennacht das Raubnest auszuräuchern. Die Vorbereitungen der Belagerung der Burg waren aber verraten worden, weshalb die Raubritter nicht überrascht und sofort überwältigt werden konnten. Indes war ihre Zahl zu klein, um gegen die anrennende Übermacht aus wütenden Bauern, kampferprobten Landesrittern und einer Abteilung des Grafen aus Siegen lange bestehen zu können.

Heimlich verließen daher der Anführer der Raubritter und seine tolle Berta durch einen unterirdischen Gang im Morgengrauen die belagerte Burg. Ein früher Nebel überzog das Land mit einem schützenden Schleier und deckte die Flucht der beiden. Der Raubritter und seine Gemahlin hatten schon die von einem treuen Knecht bereitgestellten Pferde erreicht, als sie eine kleine Nachhut der Belagerer entdeckte und sogleich den

Kampf aufnahm. Es begann begann ein wildes Hauen und Stechen, bei dem der Raubritter bald von einem tödlichen Schwerthieb zu Boden gestreckt wurde. Die tolle Berta aber konnte mit ihrem schnellen Schimmel den Verfolgern vorerst entkommen. Ein junger Knappe jedoch hatte ihre Flucht beobachtet und verfolgte sie bis zu einer Eiche, die heute noch Zigeunereiche genannt wird. Dort riss er sie an ihren langen Haaren vom Pferd und damit auch in den Tod, da sie sich bei ihrem Sturz das Genick brach.

Nachdem die Belagerer der Burg deren Verteidiger über das Ende ihres Anführers und seiner Frau Berta benachrichtigt hatten, ergaben sich die Räuber auf Gnade oder Ungnade. Für wen hätten sie auch noch kämpfen sollen? Die Burg wurde sofort nach der Übergabe zerstört, wobei die Bauern der umliegenden Dörfer eifrig halfen. Sie ruhten erst spät in der Nacht, als kein Stein der Burg mehr auf dem anderen geblieben war.

Die tolle Berta aber fand auch im Tod keine Ruhe. Bis heute jagt sie einmal im Jahr in der Nacht, in der damals die Burg zerstört worden war, auf ihrem Schimmel durch das südliche Siegerland und verschreckt späte Wanderer, die ihr Ziel noch nicht erreicht haben.

Die wilde Schnus von Dreisbach

Vor langer Zeit lebte in Dreisbach ein merkwürdiges Frauenzimmer, deren richtigen Namen keiner mehr wusste. Aber die meisten Alten, die dort ihr Leben verbracht hatten, kannten die Geschichte von der „alten Schnus“, die einst hier lebte und viel Unheil verbreitete. Manche glaubten sie gar im nächtlichen Sturm zu hören, wenn der raue Siegerländer Wind im Herbst und Winter durch die Tannen heulte und sich grollend im Eichenwald brach.

Die Schnus war die Frau eines Nagelschmiedes und insgeheim eine arge Räuberin. Sie konnte mit ihren Raubgesellen nur deshalb lange unentdeckt rauben und plündern, weil ihr Mann etwas einfältig war. Hatte er genug Nägel geschlagen, so schickte er seine Frau, die sehr kräftig gebaut war, mit einer vollen Kiepe bis ins Kurkölsche oder Bergische, um dort die Nägel zu verkaufen. So konnte die Schnus wochenlang von zu Hause fortbleiben, ohne dass ihr Mann Verdacht schöpfte, was sie in jener Zeit wirklich trieb. Verkleidet als Mann wütete die Schnus wochenlang mit ihrer Bande im Nassauischen, und kein Bauer oder Handwerker, der von den Räubern überfallen worden war, kam auf die Idee, dass eine Frau der „Räuberhauptmann“ war.

Wenn die Schnus dann wieder zurück in Dreisbach war, gab sie ihrem Mann das Geld für den Nagelverkauf und ging wieder ihren häuslichen Tätigkeiten nach.

Die Untaten des Raubgesindels blieben natürlich auf Dauer nicht verborgen und es verbreitete sich unter den Bewohnern der Wälder und kleinen Dörfer ein Gefühl der Angst. Denn selbst die Nachforschungen der Obrigkeit blieben ohne jeglichen Erfolg.

Im dunklen Wald, wo die Räuber in einem halb zerfallenen Hof ihren Unterschlupf hatten, konnten sie sich auch Pferde halten. Denn die Schnus war eine gute Reiterin, der es Freude machte, mit verkehrtherum aufgenagelten Hufeisen die Verfolger zu verwirren.

Am Zinsenbach suchten mutige Männer damals nach Gold und fanden auch in mühevoller Arbeit das eine oder andere Körnchen. Auch hier trieb die Schnus ihr Unwesen und nahm den glücklichen Findern erbarmungslos ihre ganze Ausbeute. Als sich ein mutiger Mann dagegen wehrte, wurde er von der Bande umgebracht. Später fand man ihn an einen Ast gebunden mit dem Kopf im Ufersand der Zinse. Fortan wagte niemand mehr hier nach Gold zu suchen.

Durch einen Zufall wurden die Räuber dann letztendlich doch entdeckt und dem Richter zugeführt. Tief im Wald, gar nicht so weit entfernt von der Räuberbande, wohnte auch ein alter, harmloser Kammmacher, der von den Räubern seltsamerweise bisher in Ruhe gelassen worden war. Der gute Mann hatte einst noch einen wichtigen Auftrag zu erledigen und arbeitete bis tief in die Nacht an seiner Aufgabe, bis er merkte, dass ihm der Ölvorrat zur Neige ging und er mit seiner Arbeit bis zum nächsten Morgen nicht fertig werden würde. So nahm er denn seinen ganzen Mut zusammen und klopfte an der Tür des übel beleumdeten Hofes, der eigentlich unbewohnt war, aber in dem sich in dieser Nacht wohl Menschen aufhielten, denn Licht fiel aus dem sonst so dunklen Fensterloch.

Kaum hatte er angeklopft, da zogen ihn schon starke Arme in eine erleuchtete Stube, wo Menschen mit angeschwärzten Gesichtern ihn stumm anblickten. Da trat eine hohe dunkle Gestalt auf den zitternden Alten zu und fragte nach seinem Begehr. Dieser glaubte seinen Sinnen kaum zu trauen, denn in der Stimme vermutete er – seine eigene Tochter. Erneut wurde er drohend gefragt, was er wolle, da bat er endlich um ein wenig Öl, damit er seine Arbeit vollenden könne. Seine Bitte erfüllte man ihn und der Sprecher gab ihm zu verstehen: „Hüte dich, Kammmacher, je zu verraten was du hier gesehen hast, dein letztes Stündlein hat dann geschlagen."

An dieser schweren Bürde zerbrach der Alte allmählich, denn niemandem konnte er das dunkle Geheimnis verraten, das auf seiner Seele lastete. Übers Jahr verließen ihn die letzten Kräfte und auf dem Sterbelager schließlich musste er sich von dem übermächtigen Druck befreien und beichtete dem Geistlichen mit dem letzten Atemzug das Geheimnis um seine eigene Tochter.

Nun war das Geheimnis um die Räuberbande gelüftet und die Obrigkeit konnte endlich des Raubgesindels habhaft werden. Und mit den meisten ihrer Bande büßte die alte Schnus ihre frevlerischen Taten am Galgen auf dem Kreuzberg bei Netphen.

Sie hatte sich der Obrigkeit und den Menschen gegenüber auf ihren Raubzügen stolz als „Herr von Schnausenberg" bezeichnet, um die Menschen über ihre wahre Gestalt zu täuschen.

Die Zerstörung der Alten Burg bei Tiefenbach

Früher befand sich auf dem oberhalb der Sieg gelegenen Berg, der „Alte Burg" genannt wird, eine Ritterburg, von der man heute nur noch wenige Überreste findet. Die letzten dort lebenden Ritter waren wie viele ihrer Standesgenossen zu bloßen Raubrittern herabgesunken, die verächtlich Schnapphähne genannt wurden. An den Kaufmannsstraßen am Rhein und im Hessischen lauerten sie auf Kaufleute. Doch vielfach hatten sich, angesichts der drohenden Gefahr eines Überfalls, mehrere Kaufleute zusammengeschlossen und reisten als schwer bewaffneter Zug mit wehrhaften Knechten.

Nur selten hatten die Räuber Glück und konnten einzeln reisende Kaufleute überfallen. Doch diese beförderten oft nur sehr einfaches Handelsgut wie Getreide oder gar gesalzene Heringe, mit denen die Raubritter nur wenig anfangen konnten. Wein war da schon besser. So dauerten die Raubzüge oft wochenlang, ehe die Raubritter mit ihrer Beute zurückkamen.

So geschah es, dass sie einst bei der Rückkehr von einem ihrer Beutezüge das Räubernest auf der „Alten Burg" völlig zerstört vorfanden. Die Soldaten der Hanse, dem großen niederdeutschen Städtebund des Mittelalters, dessen Einfluss bis weit ins Binnenland reichte, fackelten nicht lange, wenn ihre Spione ein Räubernest ausfindig gemacht hatten – sie eroberten und zerstörten viele dieser Burgen. Wen sie dort antrafen, der wurde meist getötet. Im Falle der Ritterburg auf der „Alten Burg" hatten sie jedoch nur wenige alte Knechte und einige Frauen vorgefunden, die sie laufen ließen. Einzig die Frau und die Tochter des Raubritters hatten sie gefangen und am Rhein in ein Kloster gebracht.

Wutentbrannt schwor der Raubritter nicht eher zu ruhen, bis er Frau und Tochter wieder in die Arme schließen könnte und die erlittene Schmach durch die „Pfeffersäcke" gerächt sein würde. Gemeinsam mit seinen Raubkumpanen suchten sie sich einen neuen Unterschlupf tief im Wald. Einer der Männer, der als besonders schlau und zuverlässig galt, machte sich von dort aus auf die Suche nach den Verschleppten.

Köln war damals die größte Hansestadt des Rheinlandes und von dort kamen meist die Soldaten des Städtebundes, weil die Kölner Erzbischöfe lange Jahrzehnte gemeinsam mit den Siegener Grafen die Herrschaft im Siegerland besaßen. Und in dieser großen Stadt gelang es dem Gewährsmann des Raubritters, nachdem er zahlreiche Soldatenkneipen besucht und sich dort umgehört hatte, die Spur der verschwundenen Frauen aufzunehmen. Diese führte ihn endlich in ein kleines Nonnenkloster im Siebengebirge. Nachdem er sicher war, Frau und Tochter seines Herrn erkannt zu haben, eilte er zurück ins heimische Siegerland und berichtete von seinem Erfolg.

Der Ritter „zum Tief", wie er sich nach dem Ort Tiefenbach nannte, sammelte sogleich neben seinen eigenen Gefolgsleuten viele Bösewichter des Siegerlandes und zog mit ihnen an den Rhein, um Frau und Tochter zu befreien. Im Handumdrehen hatten die Räuber das friedliche Nonnenkloster erobert, befreiten die beiden Gefangenen und plünderten das Kloster. Um das Maß voll zu machen, versuchten sie dieses auch anzuzünden, doch ein gewaltiger Regen verhinderte ihr Vorhaben.

Als der wilde Haufen zurück im Siegerland war, musste der Raubritter feststellen, dass auch sein neues Räubernest vernichtet worden war. Daraufhin verließen ihn fast alle seine Spießgesellen und es hieß, er sei mit seiner Frau und Tochter und wenigen Dienern in den Osten gezogen, wo die Ritter des Deutschen Ordens dringend Leute brauchten, um die neuen Gebiete zu besiedeln. Allerdings musste er hier ein neues, ehrliches Leben beginnen, denn die Deutschordensritter hielten sehr auf Recht und Ordnung und verstanden keinen Spaß, wenn die Gesetze missachtet wurden.

Der Spuk in der Matthiasnacht

Im Städtchen Hilchenbach gibt es seit Urzeiten eine alte Legende. In der Matthiasnacht vom 23. auf den 24. Februar kann eine Jungfrau, die zur Geisterstunde nur im Hemd bekleidet vor dem Ofenloch fegt, ihren künftigen Gemahl hinter sich sehen.

Einst hatte eine Pfarrersfrau zu Hilchenbach ein schon etwas ältliches Dienstmädchen. Das späte Mädchen war im Laufe der Jahre immer selbstbewusster geworden, wusste wie ein Pfarrershaushalt zu führen war und ließ sich nur ungern in ihre Tätigkeiten hineinreden. Zu ihrer Selbstsicherheit kam eine ungebremste Schwatzhaftigkeit, sodass es die Frau Pfarrer nicht leicht hatte mit der neugierigen und scharfzüngigen Magd. Sie hätte ihr nur allzu gern die Stellung gekündigt, doch das ließ das Gebot der christlichen Nächstenliebe nicht zu. Also bemühte sich die Pfarrersfrau redlich, einen passablen Gatten für die nicht mehr ganz so junge Frau zu finden, um sie auf gute Art loszuwerden. Doch alle aussichtsreichen Kandidaten winkten nach einiger Zeit freudlos ab.

So blieb der Pfarrersfrau als allerletztes Mittel die legendenumwobene Sankt-Matthiasnacht. Die fromme und zugleich doch etwas abergläubische Frau versuchte, die Haushälterin langsam auf diese besondere Nacht vorzubereiten, indem sie bereits zwei Wochen vorher nur noch sanft mit der Magd redete. Mit eiserner Selbstbeherrschung vermied sie jedes Streitgespräch und blieb stets freundlich zu ihr. Erst am Abend der besagten Matthiasnacht tat sie ihre Absicht kund und fragte die Magd: „Sicherlich willst du heute Nacht vor dem Feuerloch auch fegen?" Da knarzte ihr die Jungfer zornig entgegen: „Auf keinen Fall! Welcher Mann will mich denn jetzt noch haben?"

Doch einmal auf dem eingeschlagenen Weg, versuchte die Frau des Pfarrers weiterhin mit Freundlichkeit und überzeugendem Drängen die Magd zum Matthiasputz zu bringen, der nach alter Sitte um Mitternacht und nur im Hemd ausgeführt werden sollte. Schließlich willigte die Magd doch ein und versprach, den in ihren Augen vergeblichen Versuch zu wagen, doch noch ein Mannsbild zu bekommen.

Die evangelisch-reformierte Kirche in Hilchenbach mit dem Obelisken als Denkmal für Johann Heinrich Jung-Stilling, einen Brieffreund Goethes.

Ihrem Mann hatte die Pfarrersfrau nichts von ihrem Vorhaben erzählt und hoffte darauf, dass der geheime Zauber der Matthiasnacht wirken und ihrer Magd einen Mann bescheren würde.

Und tatsächlich kam die Magd zur Mitternachtsstunde, nur mit einem Hemd bekleidet, aus ihrer Kammer und ging in die Küche. Mit einem kleinen Licht in der einen und dem Besen in der anderen Hand begann sie energisch vor dem Herd zu fegen. Sie war mitten bei der Arbeit, als sie plötzlich ein Geräusch hinter sich vernahm. Vorsichtig drehte sie sich um. Wer stand da im Halbdunkel? Es war der Pfarrer, der durch die Fegegeräusche erwacht war und nach dem Rechten schauen wollte. Erschreckt und rot vor Scham ob ihres abergläubischen Fegens, ließ die Magd den Besen fallen und hastete an dem Pfarrer vorbei hinauf in ihre Kammer. Ihr letzter Versuch, doch noch den Mann ihres Lebens zu bekommen, war ganz offensichtlich fehlgeschlagen.

Der nächste Morgen war kaum angebrochen, als die Pfarrersfrau in die Küche trat und sich die erboste Jungfrau mit den Worten auf sie stürzte: „Es war wirklich niederträchtig von ihnen, dem gnädigen Herren unser Vorhaben zu verraten. Was für eine Schande, dass er mich im Hemd gesehen hat!"
Die entsetzte Pfarrersfrau stieß daraufhin einen lauten Schrei aus und fiel augenblicklich tot zu Boden.

Etliche Monate waren ins Land gegangen, als eines Nachmittags die Glocken in der Pfarrkirche zu Hilchenbach zu einer Hochzeit läuteten. Die Leute eilten herbei, um zu schauen, wer aus dem Dorfe sich das Jawort geben wollte. Und siehe da, vor dem Altar standen der Pfarrer des Ortes und – die langjährige Magd seines Haushaltes. Ein befreundeter Pfarrer aus dem südlichen Siegerland hielt die Zeremonie und spendete den späten Hochzeitern seinen Segen für eine gemeinsame glückliche Zukunft.

Woher der Name „Wildermann" kommt

In Müsen wurde schon von alters her nach Erz gegraben. So kamen denn auch immer wieder Bergleute, um mit immer besseren Methoden nach dem begehrten Siegerländer Erz zu suchen. Ein Trupp hatte damals viel Glück, weil er in dem nach Westen gelegenen Berg auf eine reiche Erzader stieß. Nun war der Obersteiger gerade im Dorf Müsen in seiner Wohnung und jeder der Männer versuchte ihm so schnell wie möglich von der glücklichen Mutung zu berichten. Als der erste Mann völlig atemlos dem Obersteiger die fröhliche Nachricht verkündete, sagte diese leicht belustigt: „Du kommst ja daher wie ein wilder Mann." Dieser Ausspruch wurde dann zum Namen des neuen Erzstollens, der daraufhin „Wildermann" genannt wurde.

Einer anderen Überlieferung nach entstand die Bezeichnung „Wildermann" folgendermaßen: Auf der Höhe bei Müsen wohnten drei Familien, deren Kinder trotz ihres jungen Alters bereits den Eltern helfen mussten, nach dem begehrten Eisenerz zu suchen. Diese Bergleute hatten das Glück, unheimlich viel Erz knapp unter der Oberfläche zu finden, sodass es leicht auszugraben war. Ihre Freude ging soweit, die anderen Dorfbewohner darüber zu informieren. Schnell liefen sie den Bergabhang hinunter und der erste soll durch ein offenes Fenster in das nächstbeste Haus gesprungen sein, um allen die hoffnungsfrohe Botschaft zu verkünden. Die Leute nahmen an, dass er durch den rasenden Lauf „wild" (wahnsinnig) geworden sei, so nannten sie dann den Fundort „Wildermann".

Der Helligsiffe

Nicht weit von Müsen am Merklinghäuser Wald gibt es einen Berg, der den Namen Helligsiffe (= Heiligenseifen) trägt. Hier lebte vor vielen Jahrhunderten ein Eremit, der in der Einsamkeit des Berges und seiner Wälder ein frommes Mönchsleben führte. Viele Menschen aus der Umgebung besuchten ihn fast täglich, um seinen Segen zu erbitten und das in der Nähe aus dem Fels sprudelnde Quellwasser, dem man heilende Kräfte zuschrieb, mitzunehmen. Anschließend schloss sich noch eine kleine Wallfahrt rund um den Berg an, bevor die Menschen voll frommer Gefühle wieder ihrem Heimatdorf zustrebten.

Der Einsiedler gelangte im Laufe der Zeit in den Ruf der Heiligkeit, weil viele Menschen glaubten, durch das von ihm gesegnete Wasser von kleineren oder größeren Leiden geheilt worden zu sein. In den letzten Jahren seines Lebens wurden die Leute von ihm sogar gesalbt, um weitere Krankheiten abzuwenden. Aus dieser Tradition heraus bekam der Berg seine Bezeichnung Helligsiffe = Heiligenseifen.

Die Sage vom Bergmännchen

Schon fünfhundert Jahre vor Christi Geburt blühte der Bergbau, wenn auch mit Unterbrechungen, im erzreichen Siegerland. In vielen Bergen fanden die Bergleute erst in kleineren Gängen, die in den Berg gehauen wurden, das begehrte Erz; später, als sie die Fördertechniken verbesserten, auch tief im Inneren der Berge. In kleinen Karren zog man das erzhaltige Gestein mit starken Seilen an die Oberfläche, um es vor Ort oder in nahegelegenen Hütten zu Roheisen weiterzuverarbeiten.

Schieferschauberg bei Raumland/Berleburg.

Wenn es ganz ruhig war in den unterirdischen Gängen, so hörten die fleißigen Bergleute manchmal ein leichtes, geheimnisvolles Klopfen an den Wänden der engen Gänge. Die Bergleute wussten genau, wer ihnen da eine gute Botschaft vermitteln wollte. Es waren die Wichte, kleine Bergmännchen, die sie bei ihrer schweren Arbeit unterstützten. Im benachbarten Sauerland waren diese kleinen Helfer als Schanhollen bekannt.

Die Siegerländer Bergarbeiter hieben nach den Klopfgeräuschen besonders kräftig an den entsprechenden Stellen und entdeckten dort fast immer reiche Erzadern, die ihnen großen Reichtum versprachen. Allerdings wollten die Obrigkeit, die Kirche und die Gemeinde ihre Anteile an der reichen Erzausbeute, die nicht zu gleichen Teilen verteilt wurde. Ein Obersteiger, Steiger oder Vorarbeiter bekam natürlich eine bessere Entlohnung als der einfache Hauer oder gar der Grubenlehrling.

Die hilfreichen Bergmännchen konnten jedoch eines nicht vertragen: schrilles Pfeifen. Ein für die Bergleute ziemlich schwieriger Umstand, da sie sich bei Gefahrensituationen wie Wassereinbruch oder Steinschlag durch entsprechende Pfeifsignale gegenseitig warnten.

So kam es eines Tages, dass einer dieser kleinen Helfer einem besonders armen Hauer durch sein Klopfen eine sehr ergiebige Erzquelle anzeigte. Als der Hauer tatsächlich auf eine reiche Erzader stieß, wurde er direkt toll vor Freude, vergaß die ungeschriebene Regel und gab seinen Fund den anderen Bergleuten durch anhaltendes freudiges Pfeifen bekannt. Das erbitterte den Berggeist sehr, er wurde immer zorniger und verschwand wutentbrannt im Felsgestein. Dann erscholl ein lautes Gepolter und Grollen, das immer lauter wurde und auf die reiche Fundstelle zurollte.

Da wurde dem unglückseligen Hauer klar, dass er durch sein Pfeifen einen Felseinbruch verursacht hatte. So schnell er nur konnte, floh er vor dem ohrenbetäubenden Krachen und Poltern dem Ausgang zu, bevor mit heftigem Gerassel und einer riesigen Staubwolke sein Gang einstürzte. Froh, sein Leben gerettet zu haben, aber dennoch starr vor Schreck blickte der Hauer auf den verschütteten Gang, worin die wertvolle Erzader nun für immer verloren war.

Das Grab des Ritters vom Schömelberg

Auf dem Schömelberg bei Netphen sollen um Mitternacht über einem mit Moos bedeckten, kaum noch sichtbaren Grabhügel kleine blaue Flämmchen tanzen und an den edlen Ritter „Frauenlob“ erinnern.

Einst stand auf dem Schömelberg eine glänzende Burg, beschützt von hohen Mauern und Türmen. Es war die Burg des edlen Herrn von Schömelberg, der nicht im Streit vor seinen Feinden zurück wich und mutig und ehrenvoll gegen seine Gegner bei Turnieren oder auf der grünen Heide stritt.

Im hohen Mittelalter war nicht nur der Waffengang angesagt, landauf landab gab es Dutzende von Ritterturnieren zu verschiedenen Anlässen, wo neben den üblichen ritterlichen Kämpfen auch die hohe Minne gepflegt wurde. Seit die Kreuzfahrer aus dem Heiligen Land die Laute als neues Musikinstrument mitgebracht hatten, dichteten immer mehr der tapferen Streiter des Abendlandes honigsüße Lieder, um die Mädchen auf den oft sehr düsteren Burgen zu erfreuen und zu umgarnen.

Viele berühmte Minnesänger aus den christlichen Reichen Europas traten zum edlen Sangeswettstreit an den Fürstenhöfen zur Freude ihrer Zuhörerinnen und Zuhörer an. In den deutschen Landen gab es nicht wenige hochberühmte Sänger wie Walther von der Vogelweide, Wolfram von Eschenbach oder Gottfried von Straßburg, deren Texte noch heute bekannt sind. Solch ein großer Sänger war der Ritter vom Schömelberg zwar nicht, aber im Volksmund wurde er dennoch anerkennend „Frauenlob" genannt und war allerorten beliebt.

Bei einem schweren Kampf in einem glänzenden Turnier wurde jener Ritter „Frauenlob" durch einen harten Lanzenstoß schwer an den Rippen verwundet und erlag kurz darauf seiner tödlichen Verletzung. Wie er es sich gewünscht hatte, wurde er neben den Mauern seiner Burg im nahen Wald beerdigt, wo ihm täglich die Vögel das Lied von der Schönheit Gottes in freier Natur singen konnten.

Die Frauen, denen er seine herrlichen Minnelieder gesungen hatten, vergaßen ihn nicht und pflegten lange seine Grabstätte. Doch eine neue, rauere Generation wuchs heran, die keine Erinnerung mehr an die edle Minne pflegte und den Minnesänger „Frauenlob" schließlich vergaß.

Die kleinen blauen Flämmchen über seinem Grab auf dem Schömelberg sollen die Geister der edlen Frauen sein, die einst sein kühles Grab so liebevoll umsorgt hatten und ihn bis heute betrauern.

Die ritterliche Minne im Hochmittelalter

🕮 Die hohe Zeit der Minne in Deutschland dauerte nur knappe einhundert Jahre. In diesem Zeitraum wurde Erstaunliches zur Verfeinerung des ritterlichen Lebens geleistet. Ursprung der Minne war zu Beginn des 12. Jahrhunderts der Hof des Herzogs Wilhelm IX. von Aquitanien (1071–1127), wo die ersten Troubadoure auftraten, um das Lob der Weiblichkeit zu besingen.

Einen besonderen Impuls zur Verbreitung und Anerkennung dieser neuen kulturellen Richtung gab dann Eleonore von Aquitanien, die Enkeltochter Wilhelms IX. Sie war bestimmt eine der außergewöhnlichsten Frauen des Mittelalters und kann durchaus als Großmutter Europas bezeichnet werden. Eleonores Leben verlief so spannungsreich, wie es kein historischer Roman atemberaubender hätte erfinden können. Als Ehegattin des Königs von Frankreich und dann des englischen Königs Heinrich II., Mutter zweier Könige – Richard Löwenherz und Johann Ohneland – ,dazu Groß- und Schwiegermutter mehrerer Königinnen und Könige und sogar Großmutter eines deutschen Kaisers. Bei einem für mittelalterliche Verhältnisse langen Leben von etwa 82 Jahren hatte sie darüber hinaus einen enormen kulturellen Einfluss auf das höfische Leben ihrer Zeit. Kein Wunder, denn durch ihre zahlreiche Verwandtschaft änderten sich viele der Männer und die allgegenwärtige Geistlichkeit verlor ihren oft negativen Einfluss auf die Menschen bei Hofe. Im mittelalterlichen Heiligen Römischen Reich entwickelte sich nach der Hochzeit Kaiser Friedrichs I. von Hohenstaufen (Barbarossa) mit Prinzessin Beatrice von Burgund eine neue verfeinerte Kultur an den deutschen Fürstenhöfen, die bis in die kleinste Provinz ausstrahlte. Besonders vom Wiener Hof und von der Thüringer Wartburg gingen seinerzeit große Impulse für die Entwicklung der deutschen Literatur aus. Sogar die deutschen Kaiser Heinrich VI. und dessen Sohn Friedrich II. (von seinen Zeitgenossen „stupor mundi“, „Staunen der Welt“, genannt) waren begabte Minnesänger.

Das Schloss im Seelbachtal

Von Dreis-Tiefenbach aus führt eine heute gut ausgebaute Landstraße nach Eckmannshausen. Auf der linken Seite liegt ein romantisches kleines Tälchen, welches Seelbach genannt wird. Hier trug sich der Volksüberlieferung nach folgende Sage zu:

Auf dem Feld der Familie Giebeler soll vor langen Zeiten ein größeres Schloss gestanden haben, bewohnt vom letzten Seelbacher Grafen. Jener Graf war enorm reich und bewahrte seine gesamten Schätze in unterirdischen Geheimgewölben auf, abgesichert durch mehrere schwere eiserne Türen, die er sich von einem Nürnberger Kunstschmied eigens hatte anfertigen lassen. Die Türen waren mit Geheimschlössern gesichert, deren genaue Funktionsweise nur der Graf kannte. Auch war er der einzige, welcher die Schlüssel dazu verwahrte. Wenn er abends zu Bett ging, legte er die Schlüssel unter seine Matratze, denn sein Misstrauen ging sogar gegen das eigene Gesinde.

Dem letzten Grafen von der Seelbachburg hatte das Leben trotz seines großen Reichtums nur wenig Freude bereitet. Seine Frau und die Kinder verlor er schon früh bei einer Seuche. Jetzt lebte er nur noch mit seinem Leibdiener, der Köchin, einer Magd und zwei Viehknechten auf seinem Schloss, wo er aus Geiz und Gleichgültigkeit kaum noch

Reparaturen durchführen ließ. Als der Graf sein Ende nahen fühlte, vergrub er eines Nachts die Schlüssel zu seinen unterirdischen Geheimgewölben an einem geheimen Ort, den nicht einmal sein Leibdiener kennen sollte. Als dies getan war, zog der alte Graf ein letztes Mal seine beste Rüstung an, legte sich auf das Bett und schloss für immer die Augen.

Als der Diener seinen toten Herrn erblickte, lief er ins nächste Dorf, um den Pfarrer von seinem Dahinscheiden zu benachrichtigen. Schon am nächsten Tag wurde der verblichene Graf an der Burgmauer zur letzten Ruhe gebettet, wobei ihm die kleine Dienerschaft das letzte Geleit gab.

Da der Graf keinen Erben hinterlassen hatte, erhob niemand Anspruch auf seinen Besitz, der damit an den Landesherrn zurückfiel. Die Burg verfiel zunehmend und die gut behauenen Steine wurden von den Bewohnern der umliegenden Dörfer als Bausteine für neue Häuser genutzt. Nach etlichen Jahren waren schließlich nur noch die unterirdischen Gewölbe der Burg vorhanden. Eines Nachts entdeckten einige Dörfler, die um Mitternacht an der einstigen Burg vorbeikamen, ein schwankendes Flämmchen, das über den Gewölbekellern hin und her tanzte. Trieb hier nur ein Irrlicht sein Spiel, oder sollte das Flämmchen vielleicht an den sagenhaften, bislang nicht gehobenen Schatz des alten Grafen erinnern?

Nun wurde mit aller Macht nach dem Schatz gesucht! Mit Spitzhacken und Vorschlaghämmern, Eisenstangen und sogar Wünschelruten kamen die Leute aus Tiefenbach und Eckmannshausen, um gemeinsam die Kostbarkeiten zu heben. Doch die klafterdicken, tief in die Erde reichenden Mauern widerstanden allen Bemühungen. Selbst mit dem gerade erfundenen Schießpulver konnten die Gewölbe nicht aufgesprengt werden. Unverrichteter Dinge mussten die erfolglosen Schatzgräber abziehen. Und so ruht noch heute tief unter der Burg der unermessliche Schatz des letzten Seelbacher Grafen, denn den genauen Eingang zu den Gewölben des alten Schlosses kennt kein Lebender mehr.

Das Gottesurteil auf der Birkenley

Niederschelden liegt heute am westlichen Stadtrand der „kleinen" Großstadt Siegen, direkt an der Grenze zum Kreis Altenkirchen, der bereits zum heutigen Bundesland Rheinland-Pfalz gehört. Viele unserer heutigen Kreis- und Landesgrenzen haben historische Wurzeln, wenn auch die früheren Einteilungen der alten, meist adeligen Herrschaftsbezirke sehr kleinteilig waren.

So lebte denn auf der Burg bei Niederschelden der Ritter Görg, ein ziemlich reicher und damals auch mächtiger Mann. Viel reicher waren indes die mächtigen Grafen von Sayn, die – wenn auch in mehrere Linien gespalten – zwischen Rhein und Sieg einen großräumigen Machtblock im Westerwald und in der nördlichen Grafschaft Wittgenstein errichtet hatten. Die Sayner Grafen versuchten beständig, ihren Herrschaftsbereich durch neue Landgewinne zu erweitern.

So lag auch der Niederscheldener Junker Görg über viele Jahre wegen eines kleinen Grundstückes an der Sieg in einem schweren Streit mit dem Sayner Grafen aus Altenkirchen. Um die leidige Angelegenheit ein für allemal zu beenden, machte der Junker seinem weitaus höher gestellten Kontrahenten einen Vorschlag: Der im ganzen Siegtal hoch angesehene Freibauer Ebert, dem man seherische Eigenschaften nachsagte, sollte in der Angelegenheit einen Weisspruch (von Wissen) fällen, nach dem man sich dann richten könne. Denn da Ebert ein freier Bauer, war er keinem der gräflichen Herren lehnspflichtig, nicht einmal dem Fürsten in Siegen. Er würde also unparteiisch und gerecht urteilen. Bedacht auf die gemeinsame Ritterehre, stimmte der Sayner Graf diesem Vorschlag zu und die Streitenden ritten im Frühjahr gemeinsam zum Hof des Freibauern Ebert. Um einen Weisspruch gebeten, blickte der alte Freibauer in die Ferne, wo sein Blick an der Birkenley verhielt, und sprach folgenden Reim:

„Es wird euch die Natur
die unzweideutige Antwort sagen,
wem gehört die Flur?
Schaut auf zu jenem Wolkensitze, zur hohen Birkenley.
Des Berges kahle Felsenspitze
zur Zeit Entscheider sei.

Am frühen Morgen des Ostertages erfüllte sich die wunderbare Prophezeiung des alten Sehers und die Spitze des Felsen der Birkenley neigte sich zur Burg des Ritters Görg ins siegerländische Niederschelden. Ergriffen von diesem Gottesurteil, nahm der Sayner Graf die endgültige Entscheidung an, auch wenn sie nicht zu seinem Vorteil war. Die beiden Herren verstanden sehr wohl die Botschaft, schlossen Freundschaft und hatten nicht nur miteinander, sondern auch mit ihren Untertanen fortan ein herzliches Verhältnis.

Die Bundesländer Rheinland-Pfalz und Nordrhein-Westfalen

🕮 Die Grenzen des Siegerlandes orientieren sich an den alten Territorialgrenzen, die bis 1803 ihre Gültigkeit hatten. Das Bundesland Rheinland-Pfalz wurde ebenso wie Nordrhein-Westfalen erst 1946 gegründet. Also sind viele kleinere Territorien in diesen Bundesländern aufgegangen, die früher selbstständige Ländchen waren. Das Fürstentum Nassau-Siegen gehörte zu den hunderten von Kleinstaaten des

Heiligen Römischen Reiches Deutscher Nation, die nach dem Reichsdeputationshauptschluss von 1803 ihre Eigenständigkeit verloren. Nach dem Wiener Kongress von 1814/15 kam das Fürstentum Nassau-Siegen zur preußischen Provinz Westfalen, wo es eigentlich nicht hingehörte. Doch wohin mit einem Landesteil, der nie westfälisch, sondern historisch immer nach Süden ausgerichtet war? Also wurden die Einwohner des Siegerlandes Untertanen des Königreichs Preußen und gehörten fortan zum Regierungsbezirk Arnsberg.

Hyazinth und sein Goldmacher

Der Glaube, dass aus minderwertigen Metallen oder chemischen Verbindungen mit Salpeter oder Kupfer Gold herzustellen sei, herrschte bis weit ins 18. Jahrhundert hinein. Besonders die deutschen Fürsten der Barockzeit hatten ein großes Interesse an dem vermeintlich schnell zu erzielenden Reichtum, denn ihre vom französischen Hof inspirierte Baulust und Prunksucht verschlangen enorme Summen und ruinierten oft die Staatshaushalte der zumeist kleinen Länder.

Der bekannteste Fall der sogenannten „Goldmacherkunst" ist jener am Dresdner Hof des sächsischen Kurfürsten. August der Starke stellte dem unter strenger Bewachung stehenden Alchimisten Johann Friedrich Böttger ein ganzes Laboratorium zur Verfügung, um das begehrte Gold durch alchimistische Experimente zu gewinnen. Böttger entdeckte zwar nicht das erhoffte Rezept zum Goldmachen, entwickelte dafür aber ein Verfahren zur Herstellung von Porzellan, mit dem die Meißner Porzellanmanufaktur berühmt wurde.

Auch der in ewigen Geldnöten steckende Fürst Wilhelm Hyazinth suchte einen Alchimisten, der ihm zu riesigem Reichtum verhelfen sollte. Denn schon lange reichten die Steuereinnahmen, mit denen er seine Untertanen so hart bedrückte, nicht aus, um die Verschwendungssucht des Fürsten zu befriedigen.

Es reisten damals viele Scharlatane im Reich herum, die auf den Jahrmärkten das einfältige Volk mit ihren Künsten betrogen. Indes hüteten sie sich, in die Gewalt des als tyrannisch bekannten Fürsten zu geraten. Hyazinth ließ jedoch in seinem Fürstentum intensiv nach Kandidaten für sein Vorhaben, Gold zu machen, suchen – und wurde schließlich doch noch fündig.

Im Hellertal lebte ein Holzkohlenbrenner, der angeblich das in der Geheimlehre der Alchimisten besprochene Arkanum gefunden haben sollte, mit dem unedle Metalle in Gold verwandelt werden konnten. Kaum drang die Kunde davon zu Hyazinth, ließ er den Mann an seinen Hof kommen. Der Holzkohlenbrenner, dessen ärmliche und schmutzige

Das Obere Schloss in Siegen.

Kleidung seine einfache Herkunft verriet, stand, verlegen seine Mütze in den Händen drehend, vor seinem Landesherrn und blickte diesen unsicher an.

Hyazinth versuchte freundlich zu erfahren, ob der Mann das große Geheimnis der Goldmacherei kenne. Der Kohlenbrenner erwiderte, er wisse durchaus einen Weg, das Arkanum zu bekommen. Der Fürst war begeistert und führte den Mann sofort in ein großes Laboratorium, das mit Mörsern, Phiolen, dickbauchigen Reagenzgläsern und allen Gerätschaften der chemischen Kunst gefüllt war.

Dies brauche er alles nicht, entschied der Kohlenbrenner aus dem Hellertal, als er die für ihn bisher so unbekannte Welt genauer betrachtete. Sein Arkanum sei woanders verborgen. Wo diese Stelle denn sei, fragte ihn der aufgeregte Fürst. Also erklärte ihm der Kohlenbrenner: „Ein Goldhähnchenei müsste mit dem Hauch meines Mundes ausgebrütet werden, dann hätte man den Stoff aus dem die Träume sind." Die Schwierigkeit, ein solches Ei zu finden, sei allerdings groß, so der Mann. Denn die Nester der Goldhähnchen wären nur an sehr verschwiegenen Orten zu finden, wo es zudem nur wenigen ausgesuchte Menschen vergönnt sei, das Goldhähnchen oder gar sein Ei zu entdecken.

Dem Fürsten gefiel diese Antwort gar nicht, denn von Schwierigkeiten wollte er nichts wissen. Dennoch befahl er sofort, solch ein Wunderei zu suchen und zu finden. Dem Kohlenbrenner aber versprach er: „Du bleibst über Nacht in diesem Raum. Und wehe dir, wenn du aus mir einen Narren machen oder mich betrügen willst. Dann sollst du mich kennenlernen!“

Der Hellertaler verbrachte eine unruhige Nacht in dem fremden Gemäuer bei all den chemikalischen Gerätschaften, die ihm doch ziemlich unheimlich vorkamen. Am nächsten Morgen wurde ihm das vermeintliche Goldhähnchenei gebracht. Er betrachtete es genau und sprach dann lachend: „Durchlaucht, eure Leute wollen mich wohl zum Narren halten? Dies ist ein Sperlingsei, und damit kann ich nicht erfolgreich sein.“

Da brach dann doch Heiterkeit bei allen Anwesenden aus, selbst der Fürst stimmte in das Gelächter mit ein. Dem Kohlenbrenner aber rettete dies das Leben. Wilhelm Hyazinth ließ ihm eine papierne Narrenmütze aufsetzen und so bis zum Stadttor bringen. Ein Fußtritt der Wache war des Kohlenbrenners schmerzlicher Lohn für den erfolglosen Versuch, dem Fürsten das begehrte Gold zu zaubern.

Die Eremitage

Zwischen Siegen und Wilnsdorf bei Rödgen liegt mitten im Wald – in einem seit Jahrhunderten bevorzugten Jagdgebiet der Siegener Grafen und Fürsten – die Eremitage.

Hier jagte einst Fürst Hyazinth zusammen mit seinem 16-jährigen Sohn Eugen und einer Jagdgenossenschaft die zur Landplage gewordenen Wildschweine. Wie es bei den wilden Jagden in freier Natur immer noch vorkommt, waren die Jäger schnell mit dem Schuss, um das Schwarzwild zu erlegen. Nicht jeder Schuss traf sein Ziel und so kam es, dass der junge Fürst Eugen, von einer verirrten Bleikugel getroffen, vom Pferde sank und sein Leben im düsteren Forst viel zu früh beendete.

Die Jäger waren zutiefst entsetzt. Niemand hatte den tödlichen Schuss auf den Fürstensohn mit Absicht abgegeben, zumal dieser überaus beliebt war. Mehr noch, die Untertanen hatten große Hoffnungen auf den Nachfolger des wenig geliebten Fürsten Hyazinth gesetzt. Doch schon bald munkelte das Volk, das Hyazinth der wirkliche Todesschütze gewesen sei. Der Fürst war aufgrund seiner vielen Missetaten so verhasst, dass man ihm tatsächlich den Mord an dem eigenen Sohn zutraute.

Die Gnadenkapelle „Unserer lieben Frau“ der Eremitage bei Wilnsdorf.

In der Kapelle auf der Eremitage fand der junge Fürst Eugen seine letzte Ruhestätte. Und manchmal soll noch heute vor dem Grabstein des jungen Fürsten eine graue Gestalt knien und sich dann wie in Nebel auflösen, wenn ein Frommer den Kreuzweg betritt.

Zum Tode des Fürsten Eugen

Da droben, nah dem Westerwald,
An unseres Landes Schwelle,
Da steht ein schöner grüner Wald
Und drinnen die Kapelle.

Es heißt die Einsiedelei,
Und rings ist tiefes Schweigen.
Man höret nur die Melodei
Der Vöglein in den Zweigen.

Hier wo der Erbe auf dem Jagdgebiet
Des Fürsten ward erschossen,
Wer hat in böser Zeiten Nacht
Den Bund mit Gott geschlossen?

Der Mächtigen Treiben schallt ins Land,
Die Demut wirket stille,
Ein graues Vöglein, unerkannt,
Birgt sich in Waldes Hülle.

(Aus: „Mythen und Blüten aus dem Siegerland", 1855)

Der böse Fürst

Im Volksmund wird Wilhelm Hyazinth immer noch als der böse Fürst bezeichnet. Da er zu Lebzeiten so viele schreckliche Taten begangen hatte, soll er auch im Tod keinen Frieden finden und auf ewig um Mitternacht am Oberen Schloss herumstreifen – fern seiner leiblichen Gruft in Hadamar, doch nah den Seelen seiner geplagten Untertanen im heimischen Siegerland, deren Stimmen ihn peinigen.

Die evangelisch-reformierte Nikolaikirche mit dem Krönchen, Siegens Wahrzeichen.

Obwohl Wilhelm Hyazinth bei seinem Regierungsantritt geschworen hatte, das Wohl seines Landes zu mehren und seine Untertanen zu schützen gegen jedermann, verstieß er doch sein Lebtag lang immer wieder gegen diesen Schwur. Die Wut gegenüber seinen Landeskindern verließ ihn nie, ebenso nicht die Wut auf den Kaiser, der ihn seines Fürstentums „beraubt" hatte, oder auf die Ungerechtigkeit des ewigen Reichstags in Regensburg, der seine Eingaben stets verworfen hatte, ihn wieder in seine Herrlichkeit als Fürst von Nassau-Siegen einzusetzen.

Es heißt, dass das schlechte Gewissen die Seele Wilhelm Hyazinths nicht zur Ruhe kommen lässt. Nicht nur die vielen kleinen Ungerechtigkeiten bedrücken die Seele des Fürsten, sondern vor allem solch schreckliche Geschehnisse wie der Tod seines ersten Sohnes auf der Jagd im Rödger Wald (obwohl nie bewiesen wurde, dass Wilhelm Hyazinth tatsächlich Schuld daran hatte) und der kurz darauf erfolgte Tod der Amme, die den jungen Fürsten als Kind gesäugt und erzogen hatte.

Viele wollen schon das dumpfe Stöhnen und laute Fluchen des Geistes gehört haben, wenn sie sich nach der Mitternachtsstunde nahe der Schlossmauer befanden. Manch Neugieriger will sogar das Schleifen langer Gewänder vernommen haben, heiseres Bellen und trauriges Wimmern, unterbrochen von lautem, brutalem Lachen und schrecklichen Flüchen: „Was soll das? Welch Gesindel wagt es, mich zu verhöhnen? Wer seid ihr, einen Fürsten anzuklagen, der von Gott eingesetzt und nur ihm verantwortlich ist? Verschwindet! Schert euch zum Teufel und lasst mir meinen Frieden!"

Doch sobald die Turmuhr der Nikolaikirche die erste Morgenstunde verkündet, verfliegt der Spuk und es herrscht wieder nächtliche Ruhe am Alten Schloss.

Wilhelm Hyazinth Fürst zu Oranien und Nassau-Siegen

🕮 Fürst Wilhelm Hyazinth (1666–1743) aus der katholischen Linie des Hauses regierte das Fürstentum Nassau-Siegen von 1699 bis zu seiner Entmachtung 1707. In seiner kurzen Regierungszeit richtete er derartig viel Unheil an, dass er vom Kaiser in Wien als Reichsfürst entmachtet und ihm sein Fürstentum entzogen wurde – eine für die damalige Zeit außergewöhnliche Maßnahme.

In der Hoffnung auf ein reiches Erbe und auf den Schultern seiner Untertanen unterhielt der Fürst eine äußerst verschwenderische Hofhaltung. Hyazinth glaubte, als nächster männlicher Verwandter König Wilhelms III. von Oranien (der nicht nur niederländischer Statthalter, sondern auch englischer König war) dessen Nachfolge anzutreten. Wilhelm III. zog allerdings die ebenfalls verwandten Fürsten von Nassau-Diez vor. Für Hyazinths Schulden (er hatte sich riesige Summen bei den Banken geliehen) sollten also die sparsamen Siegerländer zahlen. Hyazinth verlor sein Fürstentum Oranien an den französischen König Ludwig XIV., den er vergeblich um Unterstützung gebeten hatte, die Kronen der Niederlande und Englands zu erringen. Mehrfach kam es zu Protesten und Aufständen der ausgesogenen Siegerländer, die den Reichshofrat in Wien über die Misswirtschaft ausgiebig informiert hatten. Die hohen Steuerlasten und riesigen Strafgelder bei den kleinsten Vergehen gegen die Obrigkeit veranlassten weitere Beschwerdeschriften. Darunter waren solche von hoch angesehenen Bürgern wie Friedrich Flender vor der Haardt, dem Mitbesitzer eines Gewerkes (Fabrik). Flender wurde daraufhin verhaftet, verhört und hingerichtet, obwohl eine nachdrückliche Anweisung aus Wien untersagte, in dieser Sache etwas zu unternehmen und die Entscheidung des Kaisers abzuwarten sei.

Dies war das Ende der Fürstenherrlichkeit für Wilhelm Hyazinth, der daraufhin entmachtet und aus dem Lande vertrieben wurde. Sein Bruder Friedrich Wilhelm

Adolf wurde daraufhin neuer Fürst von Nassau-Siegen. Für den aufrechten Bürger Friedrich Flender wurde im Jahre 2008 auf dem Hasengarten am Oberen Schloss in Siegen eine Gedenktafel angebracht.

Wilhelm Hyazinth flüchtete zu seinem fürstlichen Vetter nach Hadamar, wo er – ausgestattet mit einer jährlichen Pension von 4.000 Reichstalern – bis zu seinem Lebensende wohnte. Noch mehrfach klagte er vergeblich gegen seine Vertreibung aus Siegen beim Reichstag in Regensburg. 1742, nach dem Aussterben aller erbberechtigten Nassauer Fürstenlinien, wurde Hyazinth noch für ein ganzes Jahr, bis zu seinem Tode 1743, regierender Fürst von Nassau-Hadamar. Darum befindet sich das Herz-Epitaph von Wilhelm Hyazinth in der Herzenbergkapelle zu Hadamar, einer heute noch besuchten Wallfahrtskapelle.

Die Russen im Siegerland

Nach der Niederlage Napoleons in der Völkerschlacht bei Leipzig 1813 flüchteten die Franzosen vor den vereinigten Armeen Preußens, Russlands, Österreichs und Schwedens an den Rhein, um sich nach Frankreich zu retten. Der preußische Kriegsheld Generalfeldmarschall von Blücher verfolgte die Franzosen besonders hartnäckig, wie auch die damals den Preußen verbündeten Soldaten des russischen Zaren.

Trotz des Bündnisses mit Preußen requirierten die Russen auch in Freundesland alles, was ihnen gefiel. So verlangten sie stets Verpflegung und Futter für sich und ihre Tiere sowie ein warmes Nachtlager, besonders im kalten Winter 1813/14, als sogar der Rhein zufror.

Den fremden Soldaten wurden meist alle Forderungen erfüllt. Und obwohl die strengen Befehle ihrer Generale kaum Disziplinlosigkeiten gegen die Zivilbevölkerung zuließen, ließen sich die russischen Truppen doch immer wieder zu einzelnen Übergriffen im Lande hinreißen. So waren nicht nur die Siegerländer froh, wenn die Fremden weiterzogen.

Fern der Heimat, oft den Tod vor Augen, half ihnen der Alkohol, das schwere Leben in der Truppe zu ertragen. Indes erfolgten Angriffe auf die einheimische Bevölkerung oft nach ausgiebigen Trinkgelagen. Doch auch untereinander kam es zwischen den Russen häufig zu Streit.

Auf dem Weg zwischen Müsen und Littfeld liegen zwei Erdhügel, wo die Gebeine russischer Kosaken verscharrt sind, die fern ihrer Heimat für Deutschlands Befreiung gestorben sind.

Auch an anderen Orten, wie z.B. in Deuz, tranken die Russen ihren Wodka, bis sie sturzbetrunken waren und ins Streiten gerieten. Dort sind in einer Schänke noch heute die Säbelhiebe im Gebälk zu sehen, welche die Kosaken bei ihrer derben Rauferei verursachten.

Als die Kosaken nach dem gewonnenen Krieg gegen Napoleon und Frankreich im Sommer 1814 zurückkamen, hatten die Siegerländer gelernt und bereiteten den Russen oft einen herzlichen Empfang nach Siegerländer Art. Sie bewirteten die Soldaten mit Speis und Trank, trugen Branntwein zur Freude ihrer Gäste auf und hatten keine Drangsalierung mehr zu befürchten.

Der Geisterkampf auf der Kalteiche

Autofahrer kennen die Kalteiche als Grenzhöhe zwischen Hessen und Nordrhein-Westfalen auf der A 45 auf dem Weg nach Süddeutschland. Südlich der Höhe, schon auf heute hessischem Gebiet, steht die 500 Meter lange Talbrücke Kalteiche. In der Zeit der Napoleonischen Kriege kannte noch kaum jemand die uns heute durch die Medien oft benannte Wetterscheide.

Der Autor hatte dort vor vielen Jahren ein sehr mystisches Erlebnis, als er nach stundenlanger Fahrt durch die total verschneite mittelhessische Landschaft alleine auf der Autobahn stand. Allein auf der A 45 und kein Auto kam mehr vorbei! Undenkbar! Nach einem langsamen Halt auf dem Standstreifen und einem vorsichtigen Blick zurück sah er, dass er allein auf einer der meistbefahrenen deutschen Bundesautobahnen stand und empfand einen Moment der Unwirklichkeit, des Zauderns und Überlegens. Er hatte das bislang noch nie gekannte Gefühl, als ob außerhalb der Ratio des normalen Denkens noch etwas anderes existiere. Wer weiß, vielleicht ist doch etwas Wahres an der Sage vom Geisterkampf auf der Kalteiche?

Genau auf der Grenzhöhe kam es im Frühsommer 1796 zum blutigen Kampf. Die österreichischen Soldaten verteidigten sich hier gegen die französischen Revolutionstruppen. Die Schlacht war heftig und es fielen ebenso viele Österreicher wie Franzosen, sodass auch nach Stunden keiner der Gegner wirklich den Sieg für sich beanspruchen konnte.

Die Bewohner der umliegenden Gegend, die ohnehin schon schwer unter den Plünderungen und Requirierungen der Franzosen zu leiden hatten, mussten nach der Schlacht die Gefallenen beerdigen und die Verletzten versorgen, während die Truppen der Österreicher und Franzosen weiterzogen. Viele der in der Schlacht Verletzten verstarben in den Siegener Lazaretten, da die medizinische Versorgung und Betreuung damals äußerst mangelhaft war.

Die Sage berichtet, dass einmal in jedem Jahr, am Tag der Schlacht, die getöteten Soldaten wieder aus ihren Gräbern steigen, um sich erneut in Schlachtreihen zu formieren und gegeneinander zu kämpfen. So wiederholt sich bis heute stets aufs Neue auf der Kalteiche der unerbittliche Kampf zwischen Österreichern und Franzosen mit seinen zahlreichen Toten. Manche Dörfler wollen diese geisterhafte Schlacht sogar am helllichten Tage in den Lüften über der Kalteiche gesehen haben. So wird von einer Bäuerin berichtet, die nach diesem Geisterkampf vor Grauen quer durch die Felder lief und völlig durcheinander in einem Bauernhaus von dieser unwirklichen Begebenheit erzählte.

Backes in Holzhausen.

Wackebold, der sagenhafte Riese

Hickengrund nennt man das langgestreckte, breite Tal zwischen zwischen Holzhausen und Dresselndorf im südlichen Siegerland, nahe der Landesgrenze zu Hessen. Als vor vielen hundert Jahren die Berge noch mit Urwäldern bewachsen waren, lebte hier der gewaltige Riese Wackebold. Mit enormen Kräften versehen, riss er Bäume aus, um damit all jene Menschen zu erschlagen, die es wagten, in „seinen" Bergen Holz zu holen oder in den Wäldern zu jagen. Auch manch ahnungsloser Wanderer wurde von Wackebold getötet.

In seinem Übermut warf der Riese sogar mit dicken Felsbrocken auf die Leute im Tal und tötete so manchen Bewohner des kleinen Weilers im Grund. Bis hin zum Wetterbach schleuderte er die Steine. Irgendwann verließen auch die letzten Bewohner entmutigt ihre Häuser in dem Talgrund, um sich jenseits der Berge nach einer neuen sicheren Heimstatt umzuschauen, wo sie in Frieden leben, Holz schlagen und jagen konnten. So blieb der Grund fortan für viele hundert Jahre unbesiedelt und die Menschen vergaßen allmählich den Riesen Wackebold.

Da kamen an einem schönen Sommermorgen von den Höhen des Westerwaldes acht kernige Männer ins Tal gewandert. Es waren Hans Hick und seine sieben Söhne, lauter stattliche junge Burschen. Nachdem sein Hof von einem Blitzstrahl getroffen worden und abgebrannt war, suchte Hans Hick nach einer neuen Heimstatt in einem milderen Klima. Der schöne Wiesengrund mit der kleinen Kirchenruine in der Nähe des dichten Waldes gefiel ihm sehr. Indes erinnerte er sich auch an die Erzählungen seiner Großmutter, die von einem schrecklichen Riesen berichteten, der hier hausen sollte. Als Hans Hick seinen Söhnen davon erzählte, lachten diese nur. Sie waren jung und kannten keine Furcht. „Ammenmärchen!", rief Gerd, einer der jüngsten Söhne, laut. Doch kaum hatte er dies ausgesprochen, sauste ein mächtiger Felsbrocken mitten unter sie und traf den Vorwitzigen, der tödlich verwundet zu Boden sank.

Entsetzt suchten Hans Hick und seine Söhne Schutz hinter den umliegenden Bäumen, denn nun ergoss sich ein wahrer Steinhagel in den Talgrund. Bis zum Abend warf Wackebold Felsen, um die Männer zu vertreiben. Erst in tiefer Dunkelheit gelang es Hans Hick und seinen Söhnen, den getöteten Bruder zu bergen. Drei Tage beweinten sie seinen Tod und begruben ihn schließlich bei der Kirchenruine des ehemaligen Weilers. Dabei schworen sie dem Riesen bittere Rache. Nicht eher wollten sie ruhen, als bis der Tod des Bruders gerächt war.

Bald darauf, als der Mond nur noch eine Sichel und die Nacht fast stockdunkel war, schlichen Hans Hick und seine Söhne leise den Berg herauf. Die Dunkelheit war erfüllt von einem ohrenbetäubenden Dröhnen, das den Bergwald erzittern ließ – dem lauten Schnarchen Wackebolds. Die sechs Männer fanden daher leicht den Riesen, der neben einem gewaltigen Steinhaufen lag, der von ihm als Vorrat angelegt worden war. Mutig kletterte Hans Hick auf den Kopf des Riesen. Und als dieser sein Maul aufriss, um zu gähnen, warf er ihm einen der dicken Felssteine in den Rachen. Auch seine Söhne schleuderten Steine in den Schlund des Riesen, bis dieser erstickt war. Sodann begruben sie Wackebold unter dem Basaltkegel des Berges.

Endlich frei von dieser Bedrohung, gingen Hans Hick und seine Söhne daran, Bäume zu fällen, deren Stämme sie zu Balken und Brettern sägten, um sich daraus im Tal Häuser zu bauen. Das neue entstandene Dorf wurde bald Holzhausen genannt. Und weil so viele Nachkommen des Hans Hick und seiner Söhne dort lebten, heißt der Talgrund bis heute „Hickengrund."

Für die ehemaligen Bewohner ihres Grundes hatten die Hicken allerdings nur Spott übrig, weil diese sich ängstlich vor dem Riesen zurückgezogen hatten. Deshalb nannte sie deren neuen Ort das Dorf der Esel, bzw. der Eseln Dorf. Und zieht man diese Wörter zusammen, ergibt dies den Namen Dresselndorf: D'r-Eseln-dorf = Dresselndorf. Und bis heute ist dieser alte Spottname der Hicken geblieben.

Die Burg auf der Hohenseelbach

🕮 Die Burg auf der Hohenseelbach hat es wohl nicht lange gegeben. Als sie 1352 von den Truppen Erzbischofs Balduin von Trier erobert wurde, scheint sie noch nicht einmal komplett ausgebaut gewesen zu sein. Immerhin gab es vierundzwanzig Erben, welche die Burg als Ganerbenburg (Gemeinschaftsburg) errichtet hatten. Die Bewohner der Umgebung transportierten später die behauen Steine ab und verwendeten diese für den Bau ihrer Häuser. Ein Basaltsteinbruch hat dann in späterer Zeit die verbliebenen Reste der Burg endgültig vernichtet. An die Ritter von Seelbach erinnert heute nur noch ihr einstiges Wappen mit drei schwarzen Rauten auf goldenem Grund, das Neunkirchen seit 1969 als Gemeindewappen führt.

Die Zerstörung der Hohenseelbachburg

Nichts außer einigen Trümmern ist heute geblieben von der einst so stolzen Burg auf dem Hohenseelbachskopf bei Neunkirchen, an der Grenze zum Kreis Altenkirchen. Ihre letzten Besitzer stammten aus dem Geschlecht der Ritter von Seelbach, welches nach dem Tode des Ritters Albert den Besitz oder besser die Trümmer der ehemals wehrhaften Burg geteilt hatte.

Ritter Albert von Seelbach war bereits in jungen Jahren zum Kriegsdienst nach Italien aufgebrochen. Dort rangen viele Städte und Adelige um die Vorherrschaft in Ober- und Mittelitalien und ein tapferer Kämpfer konnte dank guter Bezahlung und Beuteanteilen seinerzeit ein Vermögen erwerben. Albert reichte es jedoch nicht, seine Streit- und Kampfeslust in Schlachten und auf der Jagd auszuleben, und so bereiste er viele Turniere, um seine Kampfeskunst zu zeigen. Bei einem dieser Ritterturniere erlangte er den ersten Preis, der ihm von Getrud, der schönen Tochter des gastgebenden Grafen, überreicht wurde. Er verliebte sich in sie und bat nach einigen Wochen bei ihrem Vater um ihre Hand, die ihm freudig gewährt wurde. Albert war durch seinen Waffendienst in Italien ein reicher Mann geworden und viele Adelige waren froh, wenn sie ihre Töchter gut verheiratet wussten.

Eines Tages erreichte Albert die Nachricht, dass sein Vater auf der Hohenseelbachburg verstorben war. Er sollte darum ins Siegerland zurückkehren und dort sein Erbe antreten, da es sonst an seine Verwandten fiele. Also begab sich Albert von Italien aus gemeinsam mit seiner Frau Gertrud auf die Heimreise.

Auf seiner Burg am Rande des Westerwaldes angekommen, veranstaltete Albert nun selbst aufwändige Turniere, Sängerwettstreite und viele andere Lustbarkeiten. Doch alle diese Vergnügungen verschlangen viel Gold und Silber, sodass nach einiger Zeit das Familienvermögen arg zusammengeschmolzen war. Um seinen bislang gewohnten Lebensstil fortsetzen zu können, musste der Ritter die Ländereien der Seelbacher beleihen. Als daraufhin viele der umliegenden Höfe, die früher den Hohenseelbachern zinspflichtig waren, ihre Abgaben an andere Herren leisten mussten, fehlte es Albert zunehmend an Geld und schon bald blieben die Sänger und Gäste der Burg fern, da an anderen Höfen großzügigere Gastgeber lockten.

Albert von Seelbach dämmerte allmählich, dass er sein Glück sinnlos verspielt hatte und keine Macht der Welt ihn aus seiner schlimmen Lage retten konnte. Er hatte gänzlich versagt. Nur seine Gemahlin Gertrud hielt weiter zu dem einsam gewordenen Ritter. Doch seine Schuldgefühle konnte auch sie nicht bannen. Im Gegenteil, er wurde hart und ungerecht auch gegen die liebende Gattin.

Eines Tages fasste Albert einen verhängnisvollen Entschluss. Mit seinen bewaffneten Knechten ritt er an einem strahlenden Herbstmorgen hinab ins Tal, ohne sich von Gertrud zu verabschieden oder ihr sein Ziel zu verraten. Erst nach einigen Tagen kehrte er jauchzend mit seinem Tross auf den Hohenseelbach zurück, beladen mit reicher Beute. Lange Jahre hatte er seine Streitlust gezähmt und war eine Zierde der Ritterschaft, an dessen Hof nicht nur rauer Waffenklang, sondern auch die edle Minne gepflegt wurde. Nunmehr war der Hohenseelbacher zum Raubritter herabgesunken. Als seine Gemahlin Gertrud dies erkannte, schlug sie entsetzt und beschämt die Hände vors Gesicht und flüchtete weinend in ihr Gemach.

Der Ruf weiterer erfolgreicher Räubereien lockte zunehmend Gesindel auf die Hohenseelbachburg. Mit seinem nun wieder wachsenden Reichtum hatte Albert zunehmend die höfische Gesittung abgelegt, war hart und unbarmherzig gegen sein Gesinde und auch gegen seine Frau geworden. Die unglückliche Gertrud wurde zunehmend stiller und blasser und kam kaum noch aus ihrem Gemach. Besonders an den Abenden, wenn es laut und wild im Rittersaal herging und die Raubgenossen ihre wüsten Trinkgelage feierten, betete sie zu Gott für ihren verirrten Gemahl.

Nach wenigen Jahren aber waren dem Kaiser die wiederholten Klagen der überfallenen Dörfer und Händler genug und er beauftragte den mächtigen Erzbischof Balduin von Trier damit, die Hohenseelbachburg zu zerstören. Als dieser jedoch mit einem großen

Urtümlicher Wald
am Hohenseelbachkopf.

Tross von kaiserlichen Soldaten und Kriegsknechten anrückte, fand er die Burg bestens gewappnet, denn Albert hatte von dem bevorstehenden Kriegszug gegen ihn erfahren. Er war sicher, dass die gut gesicherte Burg nicht erobert werden könnte. Und tatsächlich konnten er und die Burgbesatzung jeden Angriff mit Rammböcken, Bilgen, Mauerbohrern und Katapulten zunächst leicht zurückschlagen. Auf die mit Sturmleitern angreifenden kaiserlichen Soldaten gossen die Verteidiger glühendes Pech und siedendes Wasser, sie warfen mit Steinen und schossen mit Armbrüsten.

Albert hoffte, dass die Truppen des Erzbischofs schon bald unverrichteter Dinge abziehen würden. Doch Balduin von Trier ordnete zusätzlich zu den Angriffen die Belagerung der Burg an, um die Verteidiger nötigenfalls auszuhungern.

Eines Morgens bedrängten die Leute des Erzbischofs wieder einmal. Die Mauern der Hohenseelbachburg, als eine mit hellen Gewändern bekleidete Gestalt mit wirren, langen Haaren auf der Burgmauer erschien und hinabschrie: „Eher lässt Gott die große Eiche am Fuße der Burg zu Stein erstarren, als dass die Burg in eure Hände fällt!"

Und sah es zunächst tatsächlich so aus, als könne die Burg nicht erobert werden, wandte sich mit den Wochen doch das Blatt zugunsten der Belagerer. Denn die auf der Hohenseelbachburg eingelagerten Vorräte schmolzen dahin und bald war Hunger der ärgste Feind Alberts. Immer schwächer wurde die Abwehr der zunehmend erschöpften Burgbesatzung und eines Tages gelang es den kaiserlichen Soldaten, in die Burg einzudringen und diese bei nur noch schwacher Gegenwehr einzunehmen.

Siegreich zog Balduin von Trier in den Burghof ein, wo ihn der bereits gefesselte Ritter Albert erwartet, um ihn um Gnade zu bitten. Verdrossen blickte der Sieger auf den endlich unterworfenen Raubritter und sprach: „Euch freizulassen widerspräche Recht und Gerechtigkeit. Zu viel Blut habt ihr und eure Leute vergossen. Ihr alle werdet bekommen, was ihr verdient!" Als Albert dies vernahm, warf er sich vor dem Erzbischof auf die Knie und sagte: „Ich will mein Schicksal annehmen. Ich bitte ich euch nur um mein Weib. Sie trägt keine Schuld an allem, was geschehen ist. Lasst sie um Christi Barmherzigkeit willen gehen."

„Gottes Gnade ist unendlich", erwiderte der Erzbischof großmütig. „Ihr habt mein Wort, dass euer unschuldiges Weib nicht gestraft werden wird. Sie soll frei sein und mag gehen, wohin es ihr beliebt. Indes soll sie nur das, was sie selbst tragen kann, mitnehmen dürfen."

Der bang in ihrem Gemach wartenden Gertrud wurden sogleich diese Bedingungen mitgeteilt. Sie erbat sich vom Erzbischof einige Minuten, um ihre kostbarsten Schätze zusammenpacken zu können. Zudem wollte sie wenigstens diese kurze Zeit ungestört mit ihrem Mann verbringen, um von diesem Abschied zu nehmen. Großzügig wurde ihr dieser Wunsch gewährt und Albert zu ihr geführt.

Nach einer kurzen Weile kam Gertrud tatsächlich wieder aus ihrem Gemach und trat in den Burghof. Doch die Sieger, allen voran der Erzbischof, glaubten ihren Augen nicht zu trauen. Denn Gertrud trug, unter ihrer Last fast zusammenbrechend, auf ihrem Rücken den Ritter Albert – ihren kostbarsten Schatz. Die Leute des Erzbischofs riefen, dass dies eitel Betrug sei, und forderten Balduin von Trier lauthals auf, diesem Schauspiel ein Ende zu bereiten und den Raubritter nicht ungeschoren davonkommen zu lassen. Doch obwohl dem Erzbischof die Zornesröte im Gesicht stand, ließ er Frau Gertrud mit dem Ritter Albert durch das Burgtor und von dannen ziehen, denn er hatte sein Wort gegeben, das er nicht brechen wollte.

Albert war gerettet, doch seine Knechte und das übrige Räubergesindel erhielten ihre gerechte Strafe für all ihre Freveltaten. Auf die Hohenseelbachburg wurden noch am selben Tag viele Klafter Holz gebracht, das in den Kellern und an den Mauern aufgeschichtet und dann in Brand gesetzt wurde. Die Flammen schossen so hoch in den Nachthimmel über dem Hohenseelbachskopf, dass der Feuerschein sogar von Siegen aus gesehen werden konnte.

Einige Bewohner der umliegenden Orte behaupten, dass sich noch in derselben Nacht der Fluch der Burgherrin erfüllte und die große Eiche am Fuße des Hohenseelbachkopfes zu Stein wurde. Und so mancher weiß zu berichten, dass in wilden Sturmnächten die Seelen der hingerichteten Raubgesellen auf ihren Pferden tosend durch die Dunkelheit galoppieren und wieder gegen den Feind kämpfen, der sie einst besiegte. Doch wenn der Morgen anbricht, sind die lärmenden Geister verschwunden und die wenigen Reste der Hohenseelbachburg träumen, von Efeu umrankt, von längst vergangenen Tagen mittelalterlicher Größe.

Balduin Erzbischof von Trier, Kurfürst des Heiligen Römischen Reiches Deutscher Nation

📖 Balduin von Trier stammte aus dem Grafenhaus Luxemburg, er war 47 Jahre Erzbischof und Kurfürst von Trier und einer der mächtigsten Kirchenfürsten des gesamten Mittelalters. Sein Bruder Heinrich war fünf Jahre deutscher König, der Großneffe Karl IV. wurde durch seine tatkräftige Unterstützung deutscher König und Kaiser des Heiligen Römischen Reiches. Balduin reformierte die Verwaltung seines Landes und führte, vorbildlich für viele Territorialherrschaften, die Einteilung seines Herrschaftsbereiches in Ämter ein. Sein größter Erfolg war die rechtliche Unabhängigkeit der deutschen Kurfürsten bei der Königswahl, die durch sein diplomatisches Geschick ohne die Genehmigung des römischen Papstes durchgeführt werden konnten. Der Erzbischof war ein frommer Mann, der sich für die Einhaltung der Kirchenzucht in den Pfarreien und Klöstern seines Bistums einsetzte.

Wie der Name Neunkirchen entstanden ist

Rund um das heutige Neunkirchen gab es neben den Rittern von Hohenseelbach noch acht weitere Geschlechter, die auf den Höhen bei Altenseelbach, Salchendorf, Struthütten und Zeppenfeld ihre Burgen hatten. Da sie alle den gleichen Weg zur Kirche haben wollten, beschlossen sie, mitten im Hellertal ein Gotteshaus zu errichten, dass von allen Burgen aus gleich gut zu erreichen war.

Die Ritterfamilien aber duldeten keine anderen Besucher in ihrer Kirche, weil die in den umliegenden Ortschaften wohnenden Menschen keinen Beitrag zur Errichtung des Gotteshauses beigetragen hatten. So wurde die Kirche von allen Bewohnern des Hellertales in Anspielung auf ihre neun Erbauer Neunkirchen genannt.

Später siedelten sich etliche Familien um die Kirche herum an, und da einige der alten Rittergeschlechter mittlerweile ausgestorben waren, konnten fortan alle Gläubigen die Kirche für Gebete und Messen besuchen.

Das Wappen des erloschenen Geschlechtes derer von Seelbach findet sich übrigens im Wappen der Gemeinde Neunkirchen wieder und erinnert damit bis heute an die einstigen Ritter.

Irmgarteichen – Die Sage von der heiligen Irmgart

Das Dorf Irmgarteichen ist heute ein Ortsteil der Gemeinde Netphen im südlichen Siegerland. Die Region wird bis heute Johannland genannt, nach einem der Nassauer Grafen aus der katholischen Linie Nassau-Siegen. Nahe Netphen steht eine jahrhundertealte Kapelle zum Andenken an die fromme Frau, die dieses Kirchlein erbauen ließ.

Auf dem nahe gelegenen Schloss zu Hainchen lebte einst die schöne Jungfrau Irmgart, die in ihrer blühenden Jugend von einem fürchterlichen Fieber ergriffen wurde, gegen das keine Medizin half. Die Jungfer betete inbrünstig zu Gott und bat um Heilung von ihrem Leiden. Sie gelobte nicht nur ewige Dankbarkeit für eine glückliche Genesung, sondern auch, als sichtbares Zeichen ihres Dankes hoch auf dem Berg eine Kapelle zum Lobe Gottes zu errichten.

Irmgarts Gebete wurden tatsächlich erhört, und nachdem sie wieder völlig bei Kräften war, wollte sie ihr Versprechen erfüllen und die Kapelle errichten. An einem wunderschönen Sommermorgen, als Blumen und Bäume in den herrlichsten Farben prangten, die Vögel lustig zwitscherten und wohl riechender Tannengeruch in ihr offenes Fenster wehte, wollte sie ihr Gelöbnis verwirklichen. Zuvor jedoch kniete sie an ihrem Betstuhl nieder, um den Allerhöchsten um Segen für das zu vollbringende Werk zu bitten.

Da klopfte es plötzlich an die Tür ihres Gemachs und ein Ritter in glänzender Rüstung wurde hereingeführt. Der Unbekannte verbeugte sich tief und sprach: „Seid mir gegrüßt, edle Jungfrau Irmgart. Ihr mögt meine Kühnheit entschuldigen, die mich in euer Schloss und zu euch führte. Doch lange schon verehre ich euch von ganzem Herzen. Und heute bitte ich um eure Hand zum ewigen Bund der Ehe. All mein Reichtum soll euer sein und in ehelicher Treue will ich mit euch leben!"

Erschrocken ob dieser höflich, aber forsch vorgetragenen Rede, lehnte die Jungfrau an ihrem Betstuhl und antwortete stockend: „Edler Herr, ich kenne ja nicht einmal euren Namen, noch weiß ich, woher ihr kommt. Und auch wenn ich wollte, so könnte ich euch nicht folgen, denn mein Gelübde hat mich bereits einem anderen versprochen. Der Herr hat mich von schwerster Krankheit geheilt. Ihm verdanke ich mein Leben und ihm will ich für immer folgen. Ich muss daher euer Ansinnen ablehnen."

Zornig schaute der verschmähte Ritter auf die Jungfrau, welche sich wieder ihrem Gebet zugewandt hatte, und verließ mit einem bösen Fluch Irmgarts Gemach.

Noch am selben Morgen wurden nach Irmgarts Willen die ersten Eichenbäume geschlagen, vom Astwerk befreit und zur Höhe hinaufgeschleppt, welche für die Kapelle vorgesehen war. Doch wie groß war das allgemeine Entsetzen der Bauleute am folgenden Tag, als man am Morgen den Bauplatz leer vorfand! Alle Anzeichen für den begonnenen Bau waren verschwunden. Mehr noch, die Eichenstämme waren von unbekannter Hand ins Tal gerollt worden und alle Werkzeuge fort.

Erneut mühten sich die Bauleute einen ganzen Tag lang, die schweren Eichenstämme auf die Anhöhe zu bringen, um sie anderntags zu Balken zu sägen. Doch nach einem arbeitsreichen Tag bot sich am nächsten Morgen dasselbe Bild wie schon am Tag zuvor: Wieder waren die Stämme ins Tal hinabgerollt worden und aller Einsatz war vergebens gewesen. Wer nur hatte sich diesen bösen Streich erlaubt? In Irmgart keimte der Verdacht, dass vielleicht der verschmähte Rittersmann dahinter stecken könnte. War dieser nicht vielleicht sogar der Teufel in Menschengestalt gewesen, der durch die angebotene Heirat das fromme Werk verhindern wollte?

Da kniete die Jungfrau im Tal nieder und bat Gott um Beistand und um ein Zeichen, damit das Werk zu seinem Lob geschaffen werden konnte. Und mit einem Male hörte sie den Gesang eines fremden Vogels, der in einem nahen Dornbusch unter hohen Eichen sein Liedlein sang. Da war es Irmgart, als höre sie aus der Melodie heraus, dass just dort das Kirchlein gebaut werden sollte.

Irmgart wies sogleich den Bauleuten den neuen Standort im Tal und beauftragte sie, hier das Kirchlein zu errichten. Bereits nach wenigen Monden konnte das kleine Gotteshaus eingeweiht werden und Irmgart in der Kapelle Gott danken, der ihr den richtigen

Abschnitt der Sieg.

Bauplatz für das Werk gewiesen hatte. Fortan klangen die Glocken ins Tal hinaus und luden zur allabendlichen Vesper.

Viele Jahrzehnte später, als Irmgart schon lange in ihrer Kapelle begraben war, hatten sich in deren Umgebung mehrere Bauern angesiedelt und so war mit der Zeit ein kleines Dorf entstanden. Da dieses indes noch keinen Namen hatte, überlegten die Bewohner lange, wie sie es nennen sollten. Schließlich entschlossen sie sich, es „Irmgarteichen" zu nennen – nach der edlen Jungfrau, die einst das Kirchlein unter den hohen Eichen zum Lobe des Allerhöchsten hatte erbauen lassen.

Die Heilige Irmgard

🕮 Als Heilige der Katholischen Kirche wird Irmgard an verschiedenen Orten verehrt. Die heilige Irmgard vom Chiemsee war eine Äbtissin in Buchen am Chiemsee. Irmgard von Köln vermachte ihr Vermögen den Armen und wird hier als Heilige verehrt. Die heilige Irmgard von Erstein im Elsass war die Frau Kaiser Lothars I. und stiftete das Kloster Erstein. Am linken Niederrhein wird die heilige Irmtraud von Süchteln/Viersen heute noch in einer Wallfahrtskapelle verehrt. Ihr Name bedeutet übrigens soviel wie die allumfassende Schützerin.

Der Rattenfänger von Volnsberg

Volnsberg ist heute ein Stadtteil von Siegen bei Weidenau. Aus diesem kleinen Örtchen ist die Sage von einem Rattenfänger überliefert, die sich jedoch sehr stark von der berühmten Rattenfängersage aus Hameln unterscheidet.

Vor vielen Jahrhunderten litten die Volnsberger unter einer gewaltigen Rattenplage. Die gefräßigen Tiere vernichteten nicht nur die mühsam angesparten Vorräte, sie zernagten schier alles, was ihnen unter die Zähne geriet. Natürlich versuchten die Bauern mit Spaten und Äxten die Langschwänze zu töten, doch die Plage nahm kein Ende und die Menschen wussten schließlich keinen Rat mehr.

Eines Morgens aber kam ein bunt gekleideter Fremder nach Volnsberg, den die Leute ob seiner außergewöhnlichen Bekleidung erstaunt ansahen. Der Mann berichtete, von ihrer Not gehört zu haben, und da er ein Rattenfänger sei, wolle er die Volnsberger von den gefräßigen Quälgeistern befreien – natürlich gegen eine entsprechende Belohnung. Die Volnsberger waren sofort einverstanden, wenn der Fremde sie nur von dieser schrecklichen Plage befreien könnte.

Gesagt, getan: Der Rattenfänger ging auf einer Fiedel spielend durch das gesamte Dorf und aus allen Löchern kamen, angelockt von seinem Spiel, die Ratten. Schließlich hatte der Rattenfänger eine unzählbare Schar von Ratten hinter sich vereint, die er vor dem Dorf auf eine Wiese führte. Dort angekommen, stampfte er heftig mit seinem Fuß auf den Boden und die Ratten wühlten sich sofort in den Wiesengrund.

Nach getaner Arbeit kehrte der Rattenfänger zurück ins Dorf und ermahnte die Volnsberger eindringlich: „In Zukunft sollt ihr samstags nicht mehr waschen und auf keinen Fall die Wäsche mit Knüppeln schlagen, sonst werden die Ratten erneut über euch herfallen." Daraufhin bekam er die versprochene Belohnung, bedankte sich bei den Volnsbergern, wünschte ihnen für die Zukunft viel Glück und ging seines Weges.

Eingedenk des guten Rates beschlossen die Dörfler, fortan montags zu waschen und samstags keine Wäsche mehr auszuschlagen. Und wirklich, die Langschwänze kamen nie wieder nach Volnsberg zurück. Der Besitzer der Wiese aber wollte ganz sicher gehen und verstopfte die Löcher der Ratten immer wieder mit dicken Steinen, die jedoch stets wieder aufgewühlt wurden.

Die drei Rosstrappen

Zu Beginn des 13. Jahrhunderts kam es überall im Deutschen Reich zu Fehden und Unruhen, denn zwei Männer aus den edelsten Geschlechtern waren fast gleichzeitig zum König gekrönt worden: Philipp von Hohenstaufen und Otto IV. aus dem Hochadelsgeschlecht der Welfen. Sie führten mit ihren Anhängern einen erbitterten Kampf um die Macht und schadeten sich gegenseitig, indem sie die jeweils feindlichen Territorien verwüsteten, die Felder zerstörten und die Dörfer und Bauerngehöfte niederbrannten. Da es im Reich keinen Richter gab, versuchte ein jeder, sich sein vermeintliches Recht mit Gewalt zu holen, worunter vor allem die einfache Landbevölkerung am meisten zu leiden hatte.

So kam es denn auch zum Kampf zwischen Graf Heinrich II. von Sayn, einem der begütertsten Herren am Rhein und im Westerwald, und dem Grafen von Nassau-Siegen, der seine Grafschaft ständig vergrößert hatte. Grund der Fehde waren die Jagdrechte an der Grenze ihrer Länder, die jeder sehr großzügig zu seinen eigenen Gunsten auslegte. Im Tal an der Grenze beider Grafschaften kam es schließlich zu einem wütenden Kampf zwischen den verfeindeten Parteien, der von beiden Seiten mit äußerster Erbitterung geführt wurde.

Die Schlacht wogte hin und her. Die Ritter rasten zunächst mit eingelegten Lanzen aufeinander zu, um den Gegner aus dem Sattel zu heben. Waren die Lanzen an den Schilden zersplittert, kämpften die Reiter mit ihren Schwertern weiter, um den Kontrahenten zu besiegen. Ziel des Kampfes war nicht unbedingt der Tod des Gegners. Wurde dieser nur verwundet und gefangen genommen, konnte oft noch ein gutes Lösegeld für seine Freilassung ausgehandelt werden.

In dieser Schlacht wurde jedoch immer verbissener gekämpft und keiner der Ritter schonte sich oder den Gegner. Endlich schienen die in der Überzahl kämpfenden Sayner die Oberhand zu gewinnen, und mit größter Siegeszuversicht drängten sie die Siegerländer immer weiter zurück. Diese gaben die Losung „Die Schande nimmer!" aus und fochten mit neuem Mut. Doch auch wenn dadurch ihr Widerstand noch einmal stärker wurde und die Sayner ein wenig zurückwichen – es waren am Ende doch der Feinde zu viel, die sich ihnen entgegenstellten.

Schon lagen viele Tote und Schwerverletzte auf dem Wiesengrund, die Kräfte der Siegerländer ließen allmählich nach und ihre Siegeszuversicht sank. Ein letztes Mal versuchte ihr Anführer, sie mit flammenden Worten anzustacheln. Hoch auf der Birkelei saß er auf seinem edlen Schlachtross, die immer zahlreicher auf ihn eindringenden Sayner mit seinem scharfen Schwert abwehrend. Ein Feind nach dem anderen fiel unter seinen mächtigen Schwerthieben, doch die Übermacht war schließlich zu groß. In höchster Not brüllte er schließlich hinunter zu seinen Kampfgenossen: „Uns gehört der Sieg! So wahr wie der Huf meines Rosses in diesem harten Felsgestein seine Spuren hinterlassen wird! Nimmer wird den Saynern der Sieg gehören!"

Da stockte der wilde Kampf und alle Augen schauten hoch zum Reiter, der sich daranmachte, das tiefe Tal zu überspringen. Hart presste er die Sporen seiner Stiefel in die Flanken seines Pferdes, sodass sich dieses, von einem wahnsinnigen Schmerz getrieben, mit gewaltiger Kraft vom Felsen abstieß. Deutlich hörten die Kämpfer das Knirschen des Steines und sahen mit entsetzten Augen, wie Ross und Reiter in der Tiefe verschwanden. Ein dumpfer Aufprall im Tal kündete vom Tod des furchtlosen Ritters.

Nunmehr ihres Anführers beraubt, gab es für die Siegener Kriegsleute kein Halten mehr. In wilder Flucht stürmten sie zurück ins feste Siegen. Die Sayner hatten tatsächlich die Oberhand behalten, doch eine Prophezeiung des Ritters auf der Birkelei hatte sich bewahrheitet: Dort, wo sein Ross mit aller Kraft vom Felsen weggesprungen war, hatten sich die Hufe tief in den Felsen eingegraben. Obwohl diese sogenannten Rosstrappen im Laufe der Jahrhunderte sehr stark verwittert und heute kaum noch zu erkennen sind, künden sie noch immer von dem draufgängerischen Todessprung des Anführers der Siegerländer Ritter.

Die Grafen von Sayn

🕮 Zur Zeit dieser Sage war das Sayner Grafengeschlecht sicher das bedeutendste Adelsgeschlecht im mittleren Rheintal. Die Sayner hatten viele Lehen von den Pfalzgrafen bei Rhein, im Westerwald und bis ins südliche Sauerland bekommen, sie waren sogar Vögte des Kölner Domes. Die Sayner Grafen stellten auch einen Kölner Erzbischof, der ihr Geschlecht natürlich bevorzugte. Unter Erzbischof Engelbert von Berg (1216–1225) gelang es den Kölnern, für rund zweihundert Jahre die Hälfte der Stadt Siegen in ihren Besitz zu bekommen, bis die Grafen von Nassau-Siegen die Doppelherrschaft zu ihren Gunsten beenden konnten. Das Sayner Grafengeschlecht und seine Erben blieben sowohl im Westerwald (mit den Grafschaften Sayn-Altenkirchen und Sayn-Hachenburg) als auch in den Wittgensteiner Grafschaften über Jahrhunderte Nachbarn der Siegener Grafen. Zwischen Nassau-Dillenburg und Sayn-Berleburg kam es zu besonders großen Spannungen und die Berleburger mussten im 14. Jahrhundert den Dillenburgern ihre Güter zu Lehen auftragen. Dillenburg war damals und bis zu Beginn des 17. Jahrhunderts die Regierungsstadt des Siegerlandes. Das Lehnsverhältnis änderte sich erst 1436, als die Wittgensteiner eine Erbverbrüderung mit den Landgrafen von Hessen eingingen, die den Siegerländern ihre Grenzen aufzeigten, sodass der Druck der Grafen von Nassau-Siegen auf die Wittgensteiner nachließ.

Junkernhees

Junkernhees ist heute ein kleineres Schloss im Kreuztaler Stadtgebiet, das Jahrhunderte lang mit seinen Ländereien als eigenständiges Herrschaftsgebiet bestand. Die wohl dem niederen Adel angehörigen Ritter von der Hees hatten einst das Schloss erbaut und mehrfach im Laufe der Jahre umgestaltet, sodass Junkernhees heute als einziges Renaissanceschloss im gesamten Siegerland gilt.

Zum Burgherren Philipp von der Hees kam einst im späten Mittelalter eine Minnesängerin, die wie ihre männlichen „Kollegen“ von Burg zu Burg zog, um dort Lieder und Balladen vorzutragen. Natürlich hatte nicht jeder fahrende Sänger des Mittelalters die Klasse eines Walthers von der Vogelweide oder Wolframs von Eschenbach. Doch die besonders in der Winterszeit oft über viele Wochen von der Umwelt fast vollständig abgeschotteten Burgbewohner waren für jede Abwechslung dankbar und auch ein minder begabter Sänger konnte sie leicht begeistern.

Blick auf Bad Berleburg mit dem Schloss.

So kam denn auch in einem noch kalten Frühjahr eine besonders freundliche und natürliche Sängerin zum Schloss Hees, die fern jeder Eitelkeit vieler anderer Minnesänger ihre Lieder mit frohem Gemüt vortrug.

Der Besitzer der Burg, Junker Philipp von der Hees, war hingerissen von diesem natürlichen Wesen und total verzaubert, was natürlich auch der jungen Sängerin nicht verborgen blieb. Doch diese hatte trotz ihrer Jugend bereits genug erlebt, um nicht zu wissen, dass ein Ritter niemals eine wandernde Minnesängerin zu seiner gleichberechtigten Gemahlin erwählen würde. Einst hatte sie am Fuße eines Burgbergs eine elende, in Lumpen gehüllte Frauengestalt gefunden, die sie fiebernd vor dem Betreten der stolzen Ritterburg gewarnt hatte. Der Burgbesitzer sei angeblich ein edler Ritter, der aber nur auf seinen eigenen Vorteil bedacht sei. Menschen benutze er nur wie Spielzeuge und sobald er ihrer überdrüssig geworden sei, verjage er sie von seiner Burg.

Die Worte der in tiefstes Unglück gefallenen Frau hatten dem Mädchen sehr zu schaffen gemacht und ihre Meinung über die vermeintlich so edlen Ritter ungünstig beeinflusst. Und als nun Junker Philipp von der Hees sie nach einem wunderbaren Liebeslied leuchtend anschaute und mit einer höflichen Verbeugung in sein Gemach einlud, wollte die Minnesängerin schnell den Saal verlassen, um nicht in des Ritters Bann zu geraten. Doch dieser ahnte wohl schon ihre Gedanken und bat sie mit warmen Worten: „Bleibt, liebe Jungfer! Ihr habt mein Herz für immer berührt, darum möchte ich Euch als meine Hausfrau ehren und lieb haben, nachdem wir den Segen des Allmächtigen empfangen haben."

Die Sängerin konnte den Worten des Ritters keinen Glauben schenken. Eine Heirat? Zu groß war der Standesunterschied. Doch wenn der Ritter es wirklich ehrlich meinte, so würde er doch kaum Gott versuchen, um sie für sich zu gewinnen? Zögernd ging das Mädchen zur Tür, als die Stimme des Ritters sie zurückhielt: „Leider kann ich dich nicht festhalten und auch nicht zur Liebe zwingen. Doch wenn du gehst, sollst du wissen, dass du für mich immer ein Sonnenschein in meinem Leben sein wirst und die Erinnerung an deinen Gesang mein Herz erfreuen wird."

Diese aufrichtigen Worte berührten die Minnesängerin in ihrem Innersten. Und als der Ritter ihr beide Hände entgegenstreckte, gab sie ihren Widerstand auf und flüsterte: „So nehmt denn diesen Sonnenschein in Euer Herz, er soll dort bleiben für all Eure Lebenstage."

Das Glück zog ein in die Mauern von Junkernhees und währte, bis die Liebenden von dieser Erde scheiden mussten.

Die wilde Kunigunde

Auf dem kleinen Schloss Junkernhees bei Kreuztal lebten früher die Ritter von der Hees. Einer dieser Adeligen hatte eine außergewöhnliche Tochter, die von der hier lebenden Bevölkerung nur „die wilde Kunigunde“ genannt wurde. Wie die jungen Männer ritt sie gern auf einem feurigen schwarzen Hengst zur Jagd, nur begleitet von einigen Jägern und den Jagdhunden ihres Vaters. Im Gegensatz zu ihren Standesgenossinnen wollte sie nicht hinter dem Stickrahmen sitzen oder das Nähzeug in die Hand nehmen. Sie wollte lieber jagen – egal bei welchem Wetter. Dabei nahm sie weder Rücksicht auf ihre Eltern, noch auf den Wochentag. Selbst die sonntäglichen Gottesdienste besuchte sie nicht, um in der freien Natur dem edlen Waidwerk frönen zu können.

Auf die ernsten Vorhaltungen ihrer Eltern und des Burgkaplans, dass solch ein Verhalten einer Adeligen nicht anstünde, antwortete sie nur mit einem höhnischen Lachen: „Was interessiert mich als Jungfer Kunigunde von der Hees das Gerede der Leute!“

In ihrem Übermut und in der wilden Jagdleidenschaft geschah es häufig, dass sie im tiefen Forst ihren Jagdgenossen davonritt, wenn sie einen kapitalen Hirsch oder einen mächtigen Keiler verfolgte. So war es auch an einem düsteren Herbsttag, als tiefe Nebelschwaden den Siegerländer Wald fast undurchdringlich erscheinen ließen. Kunigunde fand sich plötzlich allein in einem kleinen Gebirgstal, verlassen von allen Jagdbegleitern. Die Töne ihres Jagdhornes wurden vom Laub der Bäume und dem dichten Nebel verschluckt, sodass sie auch keine Hilfe herbeirufen konnte.

Unverzagt suchte sie eine Möglichkeit, um aus dem nebligen Waldesdickicht zu entkommen, denn allmählich brach die Dunkelheit herein und gesellte sich zu den wabernden Nebelschwaden. Plötzlich hörte Kunigunde das ferne Läuten einer kleinen Glocke, das ihr im Nebel den Weg zu einer kleinen Kapelle wies, die selbst ihr bisher völlig unbekannt war.

An der Kapelle angekommen, klopfte sie mit ihrer Reitgerte an das Törchen und begehrte Einlass. Jäh verstummte das Glockengeläut, doch niemand kam, um ihr zu öffnen. „Ist denn kein Mensch hier, der mir öffnet?“, rief Kunigunde von der Hees aufgebracht. Da stand plötzlich wie aus dem Nichts ein alter Mönch vor ihr, der seinen Lebensabend als Einsiedler in einer Hütte neben der Kapelle verlebte, um der Natur und Gott im Gebet nahe zu sein.

Erstaunt, aber freundlich blickte er auf die zornige Kunigunde und sagte: „Warum bist du so ärgerlich? Das Haus Gottes ist jederzeit für alle, die beten möchten, geöffnet. Auch dir steht es selbstverständlich frei, hineinzugehen.“

Seine Worte stießen bei der eingebildeten Jungfer aber auf taube Ohren. Kunigunde fuhr den Eremiten mit barscher Stimme an: „Ich will zum Schloss Junkernhees! Zeige mir den Weg, mehr will ich nicht!“

Schloss Junkernhees.

Der Eremit blickte sie freundlich an und antwortete ruhig: „Auch du bist nur ein Menschenkind, das sich nicht nur im Wald, sondern auch im Leben verirrt hat. Und niemand trägt seinen Hochmut bis zu Gottes Ewigkeit empor!"

Die Gelassenheit des Mannes erboste Kunigunde und sie schrie ihn an: „Du hast mir zu gehorchen, denn ich bin Kunigunde von der Hees und alle Bewohner dieser Gegend müssen sich meinem Willen beugen!"

Der alte Eremit aber ließ sich nicht aus der Ruhe bringen und sagte so freundlich wie zuvor: „Dein Adel zählt vor Gott nicht. Vor ihm sind alle Menschen gleich. Und sei gewiss, dass er deinen Übermut kennt. Wisse darum, dass du diesen in deinem Leben noch bereuen wirst."

Kunigunde lachte höhnisch und rief: „Ich habe nichts zu bereuen!" In diesem Augenblick verlosch jedoch im Inneren der Kapelle das Licht auf dem Altar der ewigen Barmherzigkeit, woraufhin selbst die wilde Kunigunde zutiefst erschrak. Plötzlich verließen sie die Sinne und sie sank vom Pferd herab in die Arme des Eremiten.

Erst spät in der Nacht fanden sie die Jagdknechte von Junkernhees, die sich mit Fackeln auf den Weg gemacht hatten, um sie zu suchen. Auf einer Bahre trugen sie die von wilden Fieberträumen geschüttelte, mal weinende, mal irre lachende Kunigunde von der Hütte des Eremiten zurück nach Schloss Junkernhees.

Als Kunigunde nach vielen Wochen wieder gesund wurde, hatte sich ihr Gemüt gänzlich verwandelt. Ihre Jagdleidenschaft war verschwunden und ihre Gedanken waren oft bei dem Eremiten, der ihr geweissagt hatte, dass sie ihren Übermut noch bereuen werde. Nach langem inneren Ringen bat sie schließlich im nahen Kloster Keppel um Aufnahme als Nonne, um sich fortan in Buße zu üben. So wurde aus der ehemals „wilden Kunigunde" die reuige Schwester Kunigunde. Die bescheidene und gegen jedermann freundliche Ordensfrau wurde späterhin sogar Äbtissin und tat den Menschen, die in der Abhängigkeit des Klosters lebten, viel Gutes.

Die Nonne von Keppel

Im alten Stift Keppel, das vor der Reformation ein katholisches Kloster war, soll lange Zeit nächtens der hutzelige Geist einer Nonne sein Unwesen getrieben haben. Noch bis ins vorletzte Jahrhundert erschreckte der Spuk jeweils um Mitternacht die Menschen. Es heißt, dass jene Nonne aufgrund einer schrecklichen Missetat in eine kleine Mauernische eingemauert worden sei, um dort nach vielen Jahren ihr Leben zu beschließen.

Die Nonne war zu Lebzeiten eine Grafentochter. In tiefem Hass vergiftete sie ihre Eltern, die sie an einen ungeliebten Fürstensohn verheiraten wollten, obwohl sie sich schon einem Edelmann versprochen hatte, mit Eisenkraut. Ihre Brüder wollten

Kapelle des ehemaligen Stiftes Keppel bei Hilchenbach.

natürlich nicht, dass diese Untat bekannt und der gute Ruf der Familie geschädigt würde und verbannten die Schwester daher hinter die hohen Klostermauern von Keppel. Um die Schande zu vertuschen und für das Seelenheil der gemordeten Eltern überreichten sie der Äbtissin eine Urkunde, in der dem Kloster mehrere Bauernhöfe übertragen wurden.

Doch auch im Kloster gelang es nicht, den Trotz der Grafentochter zu brechen. Auch die ihr auferlegten strengen Bußübungen in härenem Gewand, nächtelangen Gebete, Fastenzeiten und Geißelungen brachten sie nicht dazu, ihre Untat zu bereuen. Eines Nachts aber hatte die Äbtissin, welche den Brüdern versprochen hatte, das ihre Schwester jene Todsünde bereuen würde, einen Traum: Wenn sich eine gläubige Mitschwester aus christlicher Nächstenliebe für die Grafentochter opfern würde, könnte die Seele der Sünderin vor der ewigen Verdammnis bewahrt werden.

Als die Äbtissin anderntags den Nonnen ihre Offenbarung kundtat, trat tatsächlich eine Mitschwester hervor und erklärte sich bereit, das Opfer auf sich zu nehmen. So würde sie nicht nur ein frommes Werk vollbringen, sondern auch schneller bei Gott sein. Als die Grafentochter die Opferbereitschaft ihrer Mitschwester sah, brach ihr Widerstand zusammen. Unter heftigem Schluchzen und vielen Tränen erklärte sich die erschütterte Mörderin bereit, dem Herrn dieses Opfer selbst zu bringen.

In einer kleinen Nische, die bis auf ein Loch zum Durchreichen von Speisen zugemauert wurde, siechte die Nonne viele Jahre einsam dahin, bis sie starb. Dennoch konnte ihre Seele aufgrund der grausigen Mordtat auch nach dem Tod keinen Frieden finden und so spukte ihr Geist noch lange um die Mitternachtsstunde im Kloster.

Und wirklich hat man viele Jahrhunderte später in einer Mauernische des einstigen Klosters das Skelett einer jungen Frau gefunden, die in gebückter Haltung zusammengesunken war und hier wohl einen einsamen Tod gefunden haben musste.

Die Kriegskasse von Freudenberg

Im Herbst 1796 erreichten die französischen Revolutionstruppen vom Rhein her auch das Siegerland. Auf ihrem schnellen Vormarsch durch die deutschen Länder drangen sie bis Würzburg vor, wo sie jedoch von Erzherzog Karl, dem Bruder des Kaisers, vernichtend geschlagen wurden und über den Rhein zurück nach Frankreich flohen.

Auf ihrem Rückzug durch Deutschland kamen die Franzosen mit ihrer Kriegskasse auch durch Freudenberg, was sich unter der Stadt- und Landbevölkerung in Windeseile herumsprach, sogar bis in die Dörfer des angrenzenden Sauerlandes. Es bildete sich eine immer größer werdende Menschenmenge, die – voll Wut über die Plünderungen der

Blick auf den „Alten Flecken", die Innenstadt Freudenbergs.

französischen Truppen und in Erwartung reicher Beute – die Soldaten angriff, um sich der Kriegskasse zu bemächtigen.

Angesichts der Übermacht flohen die Bewacher der Kriegskasse vor der aufgebrachten Menge. Die Wagen der Franzosen wurden in dem nun folgenden Handgemenge völlig zerstört und jeder der konnte, machte sich mit seinem Teil der Beute aus dem Staub, um diese vor den anderen Plünderern in Sicherheit zu bringen.

Auch einem armen Siegerländer Bauern war es gelungen, sich ein kleines Fass voll Geld zu sichern. Eilends rollte er dies in der hereinbrechenden Dunkelheit zu seinem Hof, um es dort unter Heu und Stroh zu verstecken. Fortan musste er sich nicht mehr selbst im Stall und auf den Feldern abrackern, sondern ließ neu angeworbene Knechte und Mägde auf den Äckern und Wiesen arbeiten, die er sich gekauft hatte.

Doch sein Glück war nicht von langer Dauer, denn nach einigen Monaten ließ die Obrigkeit per Anschlag an den Rathäusern verkünden, dass die bisherige Währung keine Gültigkeit mehr habe und das alte Geld nur zum Metallwert zurückgenommen würde. Diese Nachricht traf den Bauern mit aller Härte, hatte er doch einige seiner Besitzungen mit Schuldverschreibungen erworben, um nicht völlig mittellos dazustehen. Mit einem Schlag war er trotz des Fasses voll Geld wieder arm wie ehedem und musste auch noch den Spott der Nachbarn ertragen, die seinen plötzlichen Aufstieg ohnehin mit Neid und Missgunst beobachtet hatten.

Das war dem armen Bauern denn doch zu viel. Traurig und mutlos warf er das nun wertlose Geld auf seinen Hof, um sich dann an einem Balken seiner Scheune zu erhängen.

Die Sage von Wieland, dem Schmied

🕮 Die Wielandsage wird in verschiedenen Versionen und an unterschiedlichen Orten erzählt, die jedoch immer mit der Gewinnung von Eisenerz in Verbindung stehen. Im sauerländischen Balve wird die Sage von Wieland dem Schmied in der Balver Höhle erzählt, also auch an einem Ort, wo einst Eisenerz gewonnen und zu Eisen verhüttet wurde. Die Wielandsage wird bereits in der nordischen „Edda“ erwähnt und auch mit der Nibelungensage in Verbindung gebracht. Sie gehört zu den am weitesten verbreiteten Sagen Nordeuropas und ist u.a. auch in Frankreich bekannt.

Wieland, der Schmied

Im südlichen Teil des Siegerlandes liegt die Gemeinde Wilnsdorf, deren Namen einige von Wilhelmsdorf, andere von Wilandisdorf ableiten, da hier in einer Waldschmiede von dem berühmten Schmied Wieland nicht nur die schärfsten Schwerter, sondern auch edle Trinkgefäße hergestellt worden sein sollen.

Wielands außerordentlich gute Arbeit wurde weit über das Siegerland bekannt und sein Ruhm drang sogar bis nach Nordeuropa in das Königreich der Goten, deren Volksname mit der Insel Gotland für immer verbunden ist. So kam eines Tages auch ein Herold des Königs der Goten ins Siegerland. Dieser verlangte von Wieland ein außergewöhnliches Schwert für seinen Herrn: Es sollte noch schärfer sein als seine üblichen kunstvollen Schwerter und sogar die feinsten Spinnweben in der Luft zerschneiden können. Der gotische Gesandte vereinbarte mit Wieland den Abgabetermin des Schwertes auf den nächsten Neumond und mit einem kräftigen Handschlag wurde die Vereinbarung beschlossen.

Wieland begab sich sofort an die Arbeit. Doch das Siegerländer Erz ließ sich nicht zu der verlangten feinen Klinge verarbeiten und so zerbrach das Schwert bei einem Probeschlag. Auch ein zweites Schwert genügte nicht den hohen Anforderungen und zersprang schon bei der Fertigung in kleine Stücke. Enttäuscht und mürrisch setzte sich Wieland vor seine Schmiede und grübelte, wie er den außergewöhnlichen Ansprüchen des Gotenkönigs an sein Schwert doch noch gerecht werden könnte. Sein Ruhm und seine Ehre standen auf dem Spiel, denn die Zeit des Neumonds rückte immer näher. Gelang es ihm bis dahin nicht, die geforderte Waffe zu schmieden, würde sein Lohn einzig Spott und Hohn sein.

Wieland grübelte noch immer über der Lösung seines Problems, als das aufgeregte Geschnatter seiner Gänse einen Besucher ankündigte. Mit seinem fremdländischen Aussehen und der vornehmen Kleidung erkannte der Schmied diesen als einen Kaufmann aus Venedig. Als jener das ernste Gesicht des Schmiedes sah, fragte er ihn sogleich: „Was ist geschehen, Meister, dass ihr so traurig dreinblickt?“

Wieland erklärte dem Venediger seine missliche Lage. Da lachte der Fremde und erklärte dem Schmied, wie er zu der gewünschten Klinge kommen könne. Auf einer seiner Reisen in den Orient hatte er in der reichen Stadt Damaskus das Geheimnis erfahren, wie die Schmiede ihre berühmten Krummschwerter herstellten. Wieland, begierig, jenes Geheimnis zu erfahren, bewirtete seinen Gast mit dem besten Met. Nach dem erfrischenden Trunk sagte der Venediger: „Meister, eure Gänse werden euch helfen, den besten Stahl diesseits der Alpen zu schmieden. Zerfeilt dafür zuerst den Stahl in ganz kleine Späne und mischt diese den Tieren unter das abendliche Futter. Sammelt am nächsten Morgen den Kot der Tiere in einen Holzbottich und füllt diesen mit heißem Wasser auf. Nach einiger Zeit wird sich das Metall vom Gänsekot trennen und auf den Boden des

Freudenberg besticht durch sein einmaliges Ensemble von Fachwerkhäusern.

Bottichs sinken. Dann nehmt ihr die Späne, mischt sie erneut unter das Futter und wiederholt die Prozedur. Wenn das dreimal geschehen ist, nehmt ihr die gereinigten Späne und bringt sie mit eurem besten Metall im Schmelzofen zusammen. Das so gewonnene Eisen wird euch die schärfste Klinge schmieden lassen, die ihr euch nur vorstellen könnt."

Wieland war überaus misstrauisch, denn zu absonderlich erschien ihm dieses Verfahren. Doch da die Zeit knapp wurde und ihm auch keine bessere Lösung einfiel, ging er unter der Bedingung auf den Vorschlag seines Gastes ein, dass dieser bis zur Schwertprobe in der Schmiede bleiben müsse.

Nachdem die Gänse dreimal die Späne mit ihrem Futter verschlungen hatten, verarbeitete Wieland am vierten Tag das gereinigte Metall. Und tatsächlich erhielt er einen derart biegsamen Schwertstahl, wie er ihn sich in seinen kühnsten Vorstellungen nicht erträumt hatte. Die Schneide des Schwertes konnte er zudem so scharf schleifen wie noch keine jemals zuvor.

Als zwei Tage später der gotische Gesandte das versprochene Schwert abholte, machte er auch die angekündigte Probe. Und tatsächlich durchschnitt die scharfe Schneide mühelos ein Spinnennetz in der Luft. Wieland hatte sich seines Rufes als bester Schmied des Siegerlandes als würdig erwiesen. Von dem Beutel Gold, den er als Lohn für seine Arbeit erhielt, gab er dem Venediger einen gerechten Anteil, denn ohne ihn hätte er das Schwert für den Gotenkönig niemals schmieden können.

Die verschwundene Burg Wilnsdorf

Die Sage berichtet von der Burg der Edelherrn von Kolbe zu Wilnsdorf, die durch die Bergwerke und Schmelzhütten ihrer Untertanen reich und mächtig geworden waren und ein wahrhaft sorgloses Leben auf ihrer Burg führten. Hüter ihrer Kostbarkeiten waren jedoch nicht allein die Wächter und Knappen. Vor allem eine riesige Dogge mit einem goldenen Halsband bewachte über viele Jahrhunderte die silbernen und goldenen Schätze derer von Kolbe. Denn dies war das Geheimnis des mächtigen Tieres: Es alterte nicht. Obwohl Generationen der Kolbes ins Grab sanken, die Dogge blieb weiterhin Wächter der Schätze, die im tiefen Verlies der Burg verborgen waren.

Doch an einem schönen Frühlingstag bevölkerte sich das Tal mit gewappneten Reitern und vielem Fußvolk, um Burg und Ortschaft Wilnsdorf zu verderben. Manch heftigen Angriff konnten die Ritter von Wilnsdorf mit ihren Burgleuten zurückschlagen, doch der Angreifer waren zu viele. Angestachelt von einem fanatischen Geistlichen, rannten sie wieder und wieder gegen die Mauern an und es gelang ihnen schließlich, auf einer ersten Sturmleiter die Mauer zu erklimmen. Sobald der erste Angreifer auf der Mauerkrone war, konnten die Belagerer eine zweite Leiter an die Mauer stellen, um schließlich den

Wehrgang entlang der Zinnen der Burg zu erobern. Meter um Meter drängten sie die sich heftig wehrende Burgbesatzung zurück.

Doch mitten im Kampfgetümmel erklang plötzlich ein zorniges dumpfes Knurren. Die riesige Dogge war los! Sie fletschte ihr gewaltiges Gebiss, sprang auf den Wehrgang, schnappte sich einen der Angreifer und schleuderte ihn mit ungestümer Kraft über die Mauerkrone in die Tiefe. Auch den nächsten Eindringling ging das wilde Tier mit zornigem Knurren an, riss ihn nieder und stieß ihn hinab.

Entsetzt wandten sich die Angreifer zur Flucht. Einzig ihr Anführer ging festen Schrittes auf die Bestie zu. Mit wachem Blick und sein scharfes Schwert abwehrbereit erhoben erwartete er den Angriff der riesigen Dogge. Mit einem gewaltigen Satz sprang das Tier auf den Ritter zu. Der erfahrene Kriegsmann jedoch bog sich so rasch zur Seite, dass die Dogge an ihm vorbeischnellte und er ihr noch im Sprung einen mächtigen Schwerthieb auf den Rücken versetzen konnte. Heulend wand sich das verletzte Tier auf dem Boden und es gelang den Angreifern nunmehr, die Burg endgültig zu erobern.

Weithin war das traurige Geheul der mächtigen Dogge zu vernehmen, als Burg und Ort Wilnsdorf ein Raub der Flammen wurden. Der fanatische Priester aber überlebte die Zerstörung Wilnsdorfs nur um wenige Monate, dann wurde er selbst Opfer seines Hochmuts und von seinen zahlreichen Feinden erschlagen.

Die Edelherren von Kolbe zu Wilnsdorf und Konrad von Marburg

📖 Bereits 1185 wurde die Burg Wilnsdorf urkundlich erstmalig erwähnt. Dort saß das Edelgeschlecht der Kolbe von Wilnsdorf, die als Vögte der Grafen von Nassau weite Teile des Siegerlandes beherrschten. Die Edelherren von Kolbe waren sehr wohlhabend, denn in ihrem Besitz befanden sich mehrere Bergwerke und Eisenschmelzhütten. Besondere wirtschaftliche Bedeutung hatte die schon 1298 urkundlich erwähnte, äußerst ergiebige Silbergrube „Ratzenscheid", aus der viele Jahrhunderte Silber gefördert wurde.

Mit Sicherheit folgten die Edelherren von Wilnsdorf, neben vielen anderen deutschen Adelsgeschlechtern, dem Aufruf des Papstes, an den Kreuzzügen gegen die Katharer oder Albigenser in Südfrankreich teilzunehmen. Wie die Grafen von Sayn, Arnsberg oder Solms kamen sie in Frankreich mit dem „häretischen Glauben" der Katharer in Berührung, der von der katholischen Kirche in Deutschland durch den päpstlichen Inquisitor Magister Konrad von Marburg aufs schärfste verfolgt wurde.

Konrad „wirkte" auch in Wilnsdorf und ließ in der ersten Hälfte des Jahres 1233 die Burg derer von Kolbe sowie die Ortschaft Wilnsdorf wegen angeblicher Ketzerei dem Erdboden gleich machen. Rühmte er sich doch in aller Öffentlichkeit mit den Worten: „Wenn unter hundert Getöteten nur ein Ketzer war, so habe ich recht getan." Konrad war vorher Beichtvater der früh verstorbenen Landgräfin Elisabeth von Thüringen, deren Heiligsprechung er in Rom eingeleitet hatte. Beim Papst stand er auf der Höhe seines Ansehens, denn seine an Rom vermeldeten Erfolge bei der Ketzereibekämpfung wurden im Vatikan sehr wohlwollend aufgenommen. Wer einmal der Ketzerei angeklagt war, hatte kaum eine Chance dem Scheiterhaufen zu entkommen, denn besonders der Neid von Nachbarn oder Verwandten „offenbarte" immer neue Ketzer. Nachdem Konrad sich allerdings mit den Erzbischöfen von Mainz, Trier und Köln zugleich angelegt hatte, weil er starrköpfig behauptete, nur dem Papst verantwortlich zu sein, verlor er den Rückhalt der deutschen Kirchenoberen.

Nachdem sein Ketzerprozess gegen den Grafen von Sayn im Juli 1233 durch den Einspruch König Heinrichs VII. und der Erzbischöfe gescheitert war, zog sich Magister Konrad, nur von zwei Gefährten begleitet, wütend nach Marburg zurück. Eine Eskorte hatte er stolz abgelehnt und nur einen königlichen Schutzbrief angenommen, denn im festem Glauben an seine Unantastbarkeit konnte er sich nicht vorstellen, dass sein Leben bedroht sei. Mehrere Edelleute, wie die Ministeralien von Dernbach, lauerten ihm jedoch vor Marburg auf und erschlugen den Inquisitor mitsamt seinen Begleitern.

Konrad soll unter Tränen um Schonung gebettelt haben, doch umsonst. Er, der so viele „Ketzer" auf dem Gewissen hatte, wurde nun Opfer der gegen ihn verschworenen Ritter, unter denen sich wahrscheinlich auch die Kolbe von Wilnsdorf befanden.

Magister Konrads weltlicher Verbündeter war Landgraf Konrad von Hessen, der auch das hessische Fritzlar als Ketzernest niederbrennen ließ. In der Kuchenbecker Reimchronik findet man dazu den folgenden Text:

„Landgraf Konrad hat verstört das Land
Alle Ketzerschulen, wo man sie fandt
Und den Willandsdorf zuvorn
Darauf auch Ketzerschuln worn
In der Grafschaft Nassau es lag
Welches man hierbei auch wissen mag."

Das Ansehen des Magisters Konrad aber war so groß, dass seine Leiche nach Marburg gebracht und in der Spitalkirche neben seinem ehemaligen Beichtkind, der heiligen Elisabeth, beigesetzt wurde. Selbst als die neu gebaute prachtvolle Elisabethkirche errichtet und die Gebeine der Heiligen dorthin überführt wurden, bestattete man Magister Konrad an ihrer Seite.

Das Femegericht im Olbersturm

In der Siegener Oberstadt liegt die Hermannstraße, und wo heute die Hausnummer 33 steht, erinnern eine Gedenktafel und im Halbkreis gepflasterte Steine an den Olbersturm, der hier im Mittelalter die Stadtmauer verstärkte.

In seinen Mauern tagte im späten Mittelalter das heimliche Gericht der Feme. Unnachgiebig hart war das „Heimliche Gericht" bei todeswürdigen Verbrechen und wenn das Geheimnis der Wissenden der Feme aufgedeckt wurde. Natürlich waren nicht alle Urteile Todesurteile, denn zur Sühne für die verschiedenen Missetaten gab es Geldstrafen, Landesverweise, aber auch friedliche Vergleiche. Damit sich die Freischöffen untereinander zu erkennen geben konnten, gab es eine heimliche Losung, die nur ihnen und dem Freigrafen, der dem Gericht vorstand, bekannt war.

Der Sage nach wollten die Frauen der Freischöffen in Siegen einst an der Sitzung der Feme teilnehmen. In Kapuzenmänteln vermummt schlichen sie heimlich hinter ihren Männern her und betraten den Gerichtsraum des Olbersturmes – nicht ahnend, dass sie erst nach einer geheimen Losung an den Verhandlungen teilnehmen durften. Als der Freigraf die Anwesenden einzeln mit der verabredeten Losung begrüßte, konnten sie seinen Gruß auch nach mehrmaliger Aufforderung nicht erwidern und blieben stumm.

Da erhob sich heftiges Gemurmel unter den Freischöffen und der Freigraf stellte als Richter fest: „Unser heiliges Femegericht ist von Unwürdigen entweiht worden, die nun der Gerechtigkeit der Feme ausgeliefert sind. Und es kann nur einen Richtspruch über Leib und Leben geben!"

Den vermummten Frauen wurden die Kapuzen heruntergerissen und entsetzt mussten die Freischöffen erkennen, dass es ihre eigenen Frauen waren, die darunter zum Vorschein kamen. Doch unnachgiebig verkündete der Freigraf das Urteil: „Ihr habt mit eurer unerlaubten Anwesenheit das Femegericht geschändet und müsst dafür den Weg der Gerechtigkeit zu Ende gehen. Gott sei euren armen Seelen gnädig!" Dann forderte er ihre Männer auf, die Todgeweihten in die Tiefen des Turms zu führen, wo sie von den schweigenden Schöffen mit spitzen Dolchen durchbohrt und in den abgrundtiefen Brunnen gestürzt wurden.

An der Stelle, wo einst der Olbersturm stand, kann man noch heute manchmal um Mitternacht das Klagen und Wimmern verzweifelter Menschen hören. Dies sind die Seelen der dort Verurteilten, die in nächtlicher Stunde ihren Kummer verkünden.

Die Feme- oder Freigerichte im späten Mittelalter und in der frühen Neuzeit

🕮 Seit dem 13. Jahrhundert war die Feme (das heimliches Gericht) als eine Form der spätmittelalterlichen Rechtspflege besonders im westfälischen Raum für fast 500 Jahre beheimatet. Als Nachfolge der alten Freigerichte reichten ihre Wurzeln bis in die Zeit der Karolinger zurück, wenn die vom König als Stellvertreter gesendeten Grafen Gerichtstage abhielten. Der Oberfreistuhl der Westfälischen Feme befand sich zuerst in Dortmund, nahe dem heutigen Hauptbahnhof an der Femlinde, bis er ab 1437 in Arnsberg unterhalb der alten Grafenburg seinen endgültigen Hauptsitz fand. Zur Erinnerung an die Zeit der Feme befindet sich dort noch heute ein steinerner Tisch mit einem Eisenschwert, um das Recht der Blutgerichtsbarkeit zu dokumentieren.
Die Feme hatte große überregionale Bedeutung. So wurden die Vorladungen weit in den deutschen Sprachraum verschickt und forderten auch Herzöge und Grafen zu Gericht. Selbst einige Angehörige des höchsten Reichsadels waren als Schöffen Mitglieder der Feme, wie z.B. Kaiser Sigismund (ein besonderer Förderer der Feme), einige Herzöge von Bayern, Sachsen und Braunschweig oder die Landgrafen von Hessen sowie die Markgrafen und Kurfürsten Friedrich I. und Friedrich II. von Brandenburg. Die Freistühle befanden sich zum überwiegenden Teil in Westfalen und manchmal in den angrenzenden Gebieten, häufiger allerdings im mittel- und ostdeutschen Bereich. Schon vor dem Dreißigjährigen Krieg verloren die Femestühle stark an Bedeutung, weil sie durch die Reichskammergerichte abgelöst wurden. Letztendlich beendete Napoleon mit dem „Code Civil“ diese mittlerweile veraltete Art der Rechtsprechung in Westfalen.
Allerdings sind noch heute die Ausdrücke wie „verfemt“ oder „Fememorde“ in der Umgangssprache geläufig, wenn es darum geht, undurchsichtige Machenschaften mit teils mörderischen Folgen zu bezeichnen.

Die Grafschaften Wittgenstein

1174 wurde die Burg „Widechinstein" bei Laasphe an der oberen Eder erstmals erwähnt. Höchstwahrscheinlich waren die Edelherren von Grafschaft (Vögte des 1072 vom Erzbischof Anno gegründeten Klosters Grafschaft bei Schmallenberg) die Erbauer der ersten Burg „Widechinstein". Die Edelherren gehörten zu den Vorfahren der späteren Grafen von Wittgenstein, die wohl schon kurz nach 1100 über den Kamm des Rothaargebirges nach Süden vorgedrungen waren, um bei Laasphe die Burg zu errichten.

Die Grafen erweiterten kontinuierlich ihren Besitz. 1258 gehörte ihnen halb Berleburg, das 1322 ganz an die Wittgensteiner fiel. Mit den Landgrafen von Hessen und den

Schloss Berleburg, Residenz der Familie zu Sayn-Wittgenstein-Berleburg.

mächtigen Grafen von Nassau-Dillenburg hatten die Grafen von Wittgenstein zwei unbequeme Nachbarn, weshalb sie sich 1295 der Lehnshoheit Kölns unterstellten. Nachdem der Kölner Einfluss in der Region nachließ, mussten sie den Grafen von Nassau-Dillenburg sogar ihre Besitzungen zu Lehen auftragen. Sie konnten sich nur durch eine enge Anlehnung an die hessischen Landgrafen, mit denen sie 1436 eine Erbverbrüderung eingingen, allmählich vom nassauischen Druck befreien. Nach dem Aussterben des alten Wittgensteiner Grafenhauses im Jahre 1357 erbten die verwandten Grafen von Sayn die kleine Grafschaft, die sich seitdem Sayn-Wittgenstein nannte.

Unter hessischem Einfluss wurde bereits früh die Reformation in der Grafschaft eingeführt. Diese gehörte zum wetterauischen Grafenkollegium (beim Reichstag in Regensburg) und war Mitglied im oberrheinischen Reichskreis. Nach der Mediatisierung 1806 erfolgte der Übergang der Grafschaft an das Großherzogtum (von Napoleons Gnaden) Hessen-Darmstadt und 1816 fiel das Gebiet an Preußen. 1946 wurde die einstige Grafschaft Wittgenstein Teil des neu geschaffenen Landes Nordrhein-Westfalen.

Überaus interessant ist die Geschichte Wittgensteins mit den verschiedenen Teilungen des Grafenhauses in die Linien Sayn-Wittgenstein-Berleburg, Sayn-Wittgenstein-Hohenstein und Sayn-Wittgenstein-Sayn (deren Vertreter 1792 vom Kaiser in Wien zu Reichsfürsten erhoben wurden), doch würde eine Darstellung derselben den Rahmen dieses Buches sprengen.

Allerdings ragt einer der vielen Grafen und Fürsten aus den verschiedenen Zweigen der Wittgensteiner Grafen hervor: Casimir Graf zu Sayn-Wittgenstein-Berleburg. Er regierte von 1712 bis 1741, war Erbauer des barocken Schlosses in Berleburg. Gründer verschiedener Höhendörfer und toleranter Christ aus Überzeugung. Unter seiner Regentschaft wurde die acht Folien umfassende berühmte Berleburger Bibel neu übersetzt und gedruckt, für deren Anschubfinanzierung er sorgte und die er vor einer reichsweiten Zensur bewahrte.

Als Mitglied der reformierten Kirche war Casimir tolerant genug, nicht nur die Lutheraner, sondern auch die Herrnhuther Brüder und die radikalen Pietisten in seiner Grafschaft zu dulden. Auch die seit längerem existierenden jüdischen Gemeinden durften in seinem Herrschaftsgebiet ungestört ihre Religion ausüben. Casimir machte sogar die fast überall verfolgten Sinti in seiner Grafschaft sesshaft. 1728, während seiner von Glaubenstoleranz geprägten Regierungszeit, wurde im benachbarten katholischen Kurkölnischen Westfalen, in Winterberg, die letzte Hexe auf dem Scheiterhaufen verbrannt.

Erwähnenswert aus heutiger Zeit ist der erbitterte Widerstand der Bevölkerung bei der regionalen Neugliederung 1975, als der alte Kreis Berleburg im neu geschaffenen Landkreis Siegen aufgehen sollte. Die Wittgensteiner wehrten sich mit allen Mitteln, Siegerländer zu werden. Daher heißt der heutige Landkreis amtlich Siegen-Wittgenstein.

Wittgensteiner Sagen

Des Teufels Spiel zu Arfeld

In früheren Zeiten, als es noch kein elektrisches Licht gab, fanden sich die jungen Leute in der dunklen Jahreszeit meist in der Spinnstube zusammen. Durch muntere Scherze, Rätsel oder Wissensspiele verkürzte man die langen Abende, denn nach der Tagesarbeit suchten die Burschen und Mädchen Zerstreuung vom Alltag. Und natürlich wurde beim zittrigen Geflacker der Windlichter auch allerlei Unsinn ausgeheckt, der bei den Erwachsenen nur Kopfschütteln hervorrief.

Die Eder bei Arfeld.

So kamen die junge Leute im Dorf Arfeld an der Lahn eines Abends auf die törichte Idee, auszuprobieren, ob jemand an einem dünnen Zwirnsfaden aufgehängt werden könnte. Schnell erklärte sich einer der mutigen Burschen bereit, das Experiment an sich erproben zu lassen, in der frohen Gewissheit, dass die anderen den Faden schon durchschneiden würden, wenn dieser wider Erwarten nicht reißen würde. Also wurde an einem Deckennagel der Faden befestigt und dem Jüngling, der auf einem Stuhl stand, um den Hals gebunden.

Just in diesem Moment ertönte von draußen eine überaus schöne Melodie und alle Besucher der Spinnstube stürzten sofort hinaus, um zu sehen, wem sie dieses liebliche Ständchen in der Abendstunde zu verdanken hatten. In der Dunkelheit konnten sie allerdings niemanden entdecken und gingen enttäuscht zurück in die Spinnstube, wo sich ihnen ein grauenhafter Anblick bot: Der mutige junge Bursche hing tot an dem dünnen Zwirnsfaden! Jemand hatte ihm den Stuhl unter den Füßen weggezogen und der Zwirn war nicht gerissen. Es war klar, dass nur der Teufel persönlich eine solch grausige Tat begangen haben konnte, um eine so junge Seele in sein Höllenreich zu holen.

Als der Graf von Wittgenstein von diesem Vorfall hörte, war außer sich vor Zorn und verlangte als Strafe für diesen groben Leichtsinn von den Arfeldern einen großen Teil der Gemeinwiese, die er seinem Burghof in Schwarzenau angliederte. Und noch heute nennt man diesen Teil des Anwesens die Herrengemeinde.

Der Schatz zu Arfeld

Im Rühlehaus zu Arfeld soll ein Schatz verborgen sein, der von einem Geist bewacht wird. Einst versuchten die Besitzer des Hauses, die um die genaue Stelle des Schatzes wussten, diesen zu heben. Mittels geheimer Beschwörungen wurde zunächst der Geist beschwichtigt, bevor die Schatzgräber tief und tiefer in das Erdreich gruben. Schließlich fanden sie einen schweren eisernen Topf, der von einem Deckel zugehalten wurde. Als der Deckel hochgehoben wurde, war der Topf bis zum Rand mit Gold gefüllt. Ein lauter Freudenschrei der glücklichen Finder erfüllte den Raum!

Doch sofort verschwand der Topf mit dem Schatz und nur der Deckel blieb in den Händen der enttäuschten Schatzgräber zurück. Sie hatten vergessen, dass die meisten Schätze verschwinden, wenn man bei ihrer Hebung laut spricht oder gar jubelt. Der Schatz im Rühlehaus ward seither nie wieder gesehen, doch der Deckel des Topfes wurde noch viele Jahre gezeigt.

Das Ritterfräulein von Aue

Auf dem knapp 600 Meter hohen und steilen Burgberg über der Eder bei Aue thronte einst eine Burg, deren Reste noch heute zu sehen sind. Dort lebte der Sage nach ein Geschlecht von Riesen, die aber schon lange von den Menschen vergessen worden sind. Einst stieg ein Köhler den Burgberg hinauf, um einige Buchen für seinen neuen Kohlenmeiler zu fällen, denn seine Holzkohle war als Brennmaterial nicht nur in den Haushalten, sondern auch bei den Schmieden der Umgebung sehr gefragt. Plötzlich trat eine wunderschöne Jungfrau aus dem dichten Holz hervor. Am Gürtel ihres langen weißen Kleides war ein großer Schlüsselbund befestigt, der in früheren Jahrhunderten die Hausfrauen auszeichnete, denn diese hatten die Schlüsselgewalt von Haus und Hof. Freundlich winkte die Jungfrau dem erstaunten Köhler zu und sprach: „Folge mir in mein unterirdisches Reich, du wirst reichlich entlohnt werden!“ Etwas unsicher folgte ihr der Köhler immer tiefer in den Wald, bis sie an einer Felswand unterhalb der alten Burg standen. Die Jungfrau berührte nur leicht den Felsen, da schoben sich die Felsblöcke wie von unsichtbarer Hand bewegt auseinander und gaben den Blick auf ein verschlossenes Tor frei.

Lächelnd nahm das Ritterfräulein einen großen Schlüssel aus ihrem Bund und wollte ihn dem völlig verschüchterten Köhler reichen, damit er das Tor öffnen könne. Doch das war zu viel für den armen Mann. Zitternd vor Furcht und Grauen ließ er den Schlüssel fallen und lief, so schnell ihn seine Beine tragen konnten, durch Mond und Sonne davon. Die Jungfrau versuchte ihn mit flehenden Worten zurückzuhalten und versprach ihm einen riesigen Goldschatz, wenn er sie erlösen würde. Doch vergeblich! Der Köhler floh den unheimlichen Ort und ließ die Jungfrau im Wald allein. Diese brach daraufhin in lautes Klagen aus: Nun müsse sie wieder hundert Jahre warten, bis sie von einem Mann erlöst werden könnte, der ihr das Tor zum Inneren des Berges öffnen würde. Danach verschwand die Geistergestalt und keines Menschen Auge hat sie in den letzten Jahrhunderten mehr gesehen. Und wenn doch, so wagte keiner, jemals von dieser Begegnung zu erzählen.

Das Ende der Herrschaft der Ritter von Diedenhausen

Schon seit Jahrhunderten und bis auf den heutigen Tag markiert in Diedenhausen der Elsoff-Bach die natürliche Grenze zwischen der einstigen Grafschaft Wittgenstein und dem benachbarten Hessen. Rund dreihundert Jahre herrschte im Mittelalter das Rittergeschlecht derer von Diedenhausen über das kleine Dorf, dessen Wappen, eine schwarze Wolfsangel auf goldenem Grund mit drei Kleeblättern, noch heute an das untergegangene Adelsgeschlecht erinnert.

Die Ritter von Diedenhausen waren stolze und hochfahrende Leute, denen der gegenüber dem Erzbischof von Köln geschworene Lehnseid allmählich lästig wurde. Alle in Lehnsabhängigkeit stehenden Edelleute mussten jedem neuen Erzbischof aufschwören, denn es handelte sich um einen persönlichen Eid. Da sich seine Herrschaft ganz am Rande des kurkölnischen Machtbereichs befand, glaubte sich der Diedenhausener Ritter bei der Einsetzung eines neuen Erzbischofs dem zu erneuernden Lehnsschwur entziehen zu können. Doch da hatte er die Rechnung ohne den Wirt gemacht! Der oberste Stellvertreter des Erzbischofs war der Marschall von Westfalen, der sehr wohl wusste, welche Ritter den Schwur abgelegt hatten. Dieser forderte den Ritter von Diedenhausen auf, schleunigst seinen Lehnseid abzulegen, wozu er als Lehnsmann verpflichtet war.

Nachdem der Ritter auch auf mehrere Aufforderungen, seinen Eid abzulegen, nicht reagiert hatte, beschloss der Erzbischof, der kurz vorher die unbotmäßige Stadt Hallenberg gezüchtigt hatte, ihm seine Burg zu entreißen. Darüber hinaus sollte er hart für seine Aufsässigkeit bestraft werden. Der Erzbischof wollte an ihm ein Exempel statuieren wie einst einer seiner Vorgänger am Grafen von Isenberg.

Also ritt der Erzbischof mit dem Marschall und seinen Soldaten nach Diedenhausen, wo er nach kurzer Belagerung die Burg erstürmte und sie den Soldaten zur Plünderung freigab. Gnadenlos wurden die Burgbewohner gefoltert, damit sie auch noch das letzte Versteck preisgaben, in dem sich Kostbarkeiten befanden.

Fieberhaft suchten die Angreifer nach dem Herrn der Burg, der jedoch nicht gefunden werden konnte. Denn nachdem seine Feinde in den inneren Burghof eingedrungen waren, war der Ritter von Diedenhausen durch einen geheimen Gang geflohen. Dieser unterirdische Fluchtweg führte ihn in sein Silberbergwerk, wo er unentdeckt warten konnte, bis der Erzbischof und seine Leute abgezogen waren.

Langsam kamen die Bauern und Dorfbewohner zurück, die sich in den umliegenden Wäldern vor den Söldnern des Erzbischofs versteckt hatten. Die Burg war zerstört und den Ritter von Diedenhausen hatte man für vogelfrei erklärt. Jeder, der ihn traf, konnte ihn festnehmen oder sogar ungestraft töten. Also musste er seine Heimat verlassen, um anderswo unerkannt leben zu können. Zusammen mit seinen Untertanen flutete er das Silberbergwerk und verschenkte eine große Wiese an seine letzten Getreuen, die sein Pferd vor den Truppen des Erzbischofs versteckt hatten.

Nach wenigen Schritten wendete er sein Pferd, um seiner einst so stolzen Burg, aus deren Trümmern noch schwarzer Rauch hervorquoll, für immer Lebewohl zu sagen. Da wurde selbst dem rauen Rittersmann das Herz schwer und wehmütig liefen ihm heiße Tränen über das vom Wetter gegerbte Gesicht. Auch seine Untertanen konnten ihren Schmerz nicht verbergen und flennten sehr, als der letzte Ritter von Diedenhausen davonritt.

Die Wiese, die er seinen treuen Untertanen geschenkt hatte, erinnert noch bis heute an diesen traurigen Tag, denn sie wurde vom Volk „Flennwiese“ genannt.

Der Grenzsteinversetzer bei Berleburg

Die Sage vom Grenzsteinversetzer ist nicht nur im ehemaligen Kreis Berleburg, sondern auch in anderen Orten Westfalens bekannt. In der Landgemeinde Lüdenscheid ist es z.B. der Passgänger, der nicht zur Ruhe kommt und ewig für seine Taten büßen muss.

Es heißt, dass ein Landmann, der bei der Feldarbeit einen Grenzstein zu Ungunsten seines Nachbarn verrückt, nach seinem Tod allnächtlich an der Stelle des Frevels spuken muss.

So muss auch der Grenzsteinversetzer bei Berleburg um Mitternacht mit dem schweren Grenzstein auf den Schultern am Ort seiner Missetat hin und her wandern. Und

Innenhof des Schloss Bad Berleburg.

Mystische Waldstimmung bei Bad Berleburg

jammernd kann man ihn rufen hören: „Wo soll ich ihn denn hintun?“ Wenn dann ein Wanderer noch spät des Weges kommt und ihm mutig antwortet: „Wo du ihn zuerst gefunden hast“, kann der nächtliche Geist erlöst werden und zur ewigen Ruhe kommen.

Vom wilden Jäger im Botzebach bei Laasphe

Oberhalb des Städtchens Laasphe geht vom Laasphetal ein kleines Seitental ab, das als Botzebachtal bezeichnet wird. Unter einer jahrhundertealten Buche quillt hier ein klares Bächlein hervor, das nach einiger Zeit in den Laasphebach mündet. Mit dieser Quelle hat es eine besondere Bewandtnis, denn sie trägt den Namen „Hans' Born“

An dieser Quelle soll einst der wilde Jäger seine Hundemeute getränkt haben, bevor er mit den laut kläffenden Tieren nächtens in die Berge zur Jagd ritt, was manchem Laaspher Bürger nicht verborgen blieb und ihn noch tiefer unter die Bettdecke rutschen ließ. So schön das Tal am Tage auch ist, wagte es doch niemand, des Nachts den unheimlichen Quellort aufzusuchen.

Eines Tages meldete sich doch ein besonders mutiger und vorwitziger Bursche namens Hans Born, der versprach, sich nachts dort aufzuhalten. So wollte er herausfinden, ob der wilde Jäger tatsächlich existiere oder doch nur eine bloße Einbildung ängstlicher Laaspher Bürger sei, die Gespenster nicht von stürmischen Winden unterscheiden könnten. Also machte sich Hans am Abend auf den Weg in das Botzebachtal, wo er kurz vor Mitternacht an der besagten Quelle ankam und sich auf die Lauer legte.

Nachdem die Turmuhr im Städtchen zwölfmal geschlagen hatte, erklang tatsächlich das grässliche Gekläff einer Hundemeute in den Lüften und ein donnerndes „Hohoho!“ durchhallte das liebliche Tal. Anfangs ahmte der mutige Bursche die nächtlichen Rufe noch fröhlich nach. Doch als er mitten in der geisterhaft vorbeijagenden Meute steckte, bekam er es doch mit der Angst zu tun. Schweißgebadet und am ganzen Leibe zitternd setzte er zur Flucht durch den Wald an, doch da hatte ihn schon der wilde Jäger erwischt!

Hans wurde eine tonnenschwere Last auf die Schultern geladen, die ihn schier erdrücken wollte und sich nicht abschütteln ließ. Nach vielen vergeblichen Versuchen, sich davon zu befreien, schrie er vor Todesangst: „Was bürdet ihr mir auf, dass ich nicht mehr davon loskomme?“ Da ertönte aus den Lüften eine dunkle Stimme: „Du hast helfen jagen, jetzt sollst du helfen tragen!“

Ob er wollte oder nicht, musste Hans Born mit der unsichtbaren Last durch den Wald in Richtung Laasphe wanken. Keuchend und einer Ohnmacht nahe erreichte er schließlich die Stadt, wo das unheimliche Gewicht von seinen Schultern wich. Todmüde sank er zu Hause in einen traumlosen Schlaf.

Unterhalb der Teufelskanzel am Sagen- und Mythenweg bei Bad Laasphe.

Am nächsten Morgen entdeckte Hans Born eine riesige abgeschnittene Pferdekeule auf der Miste hinter seinem Haus. Mehr noch, der Kittel, den er des Nachts getragen hatte, war völlig von Blut besudelt. Schnell holte er eine Schaufel und verscharrte die blutige Pferdekeule in seinem Garten. Doch am nächsten Morgen lag diese wiederum auf seinem Hof. Und so oft er das grausige Stück Fleisch auch vergrub – eines jeden Morgens war es wieder da, wo es zuvor gelegen hatte.

Schließlich wusste sich Hans Born keinen Rat mehr und suchte, nun ganz kleinmütig geworden, den Laaspher Pfarrer auf, berichtete von seinem nächtlichen Ausflug und bat um geistlichen Beistand und Hilfe. Der Pfarrer schüttelte verwundert den Kopf über diesen folgenschweren Leichtsinn und nahm Hans Born das Versprechen ab, nie wieder zu nächtlicher Stunde ins Botzebachtal zu gehen.

Der Geistliche bannte durch fromme Sprüche und Heilsegen den unheimlichen Spuk, der seitdem auch nicht mehr gehört oder gesehen wurde und für immer aus dem lieblichen Botzebachtal verschwunden war. Zur Erinnerung an den nächtlichen Spuk aber, den der mutige Bursche erlebt hatte, wurde die kleine Quelle von der Bevölkerung fortan „Hans' Born“ genannt.

Der wilde Jäger

Im Wittgensteiner Land lebte einst ein böser Graf, der nicht nur seine Untertanen drangsalierte, sondern auch jeden Tag, den der liebe Gott werden ließ, zur Jagd ritt. Je stärker er von der Jagdleidenschaft erfasst wurde, desto weniger achtete er Gottes Gesetze, ging sonntags nicht mehr in die Kirche und jagte lieber das Wild in seinen Wäldern und auf den Feldern seiner Bauern.

Rücksichtslos ritt er sogar durch das fast reife Korn und zerstörte so die Nahrung seiner Untertanen. Als die Bauern demütig eine Abordnung aus ihren Reihen zu ihm schickten und sich über seine allzu rüde Jagdleidenschaft beschwerten, sah der Graf dies als Angriff auf sein von Gott verliehenes Jagdrecht an und schlug die Bittenden mit einer Hundepeitsche, dass sie heulend davonliefen.

Dem bösen Grafen waren die Bitten seiner Untertanen gleichgültig und sofort am nächsten Tag, es war wiederum ein Sonntag, ritt er früh am Morgen mit seinen Jägern und der riesigen Hundemeute los, um Hirsche, Rehe oder Hasen zu jagen. Natürlich ging die Jagd wie immer rücksichtslos durch Wald und Feld. Die Bauern waren alle in der Kirche zum Gottesdienst versammelt, sodass niemand die Jäger und ihre Hunde aufhalten konnte.

Plötzlich erblickten die Jäger einen prächtigen Hirsch, den sofort alle zu verfolgen suchten. Doch dem Tier gelang es, einen Jäger nach dem anderen abzuschütteln.

Schließlich konnte nur noch der Graf dem Hirsch folgen, da er sein bestes Pferd ritt, das an Ausdauer dem Hirsch in nichts nachstand.

Als der Graf und der Hirsch schließlich ganz allein in einem tiefen Tal waren, drehte sich das prächtige Tier schließlich um und der Graf erkannte zwischen den Geweihstangen ein wunderbares goldenes Kreuz. Denn der Hirsch war in Wirklichkeit Christus, der zu dem Grafen sagte: „Nun sollst du jagen bis zum jüngsten Tag."
So wurde aus dem bösen Grafen der Wilde Jäger, der bis in alle Ewigkeit keine Ruhe findet und immer weiter jagen muss.

Die wilde Jagd – eine der bekanntesten Sagen Deutschlands

In beinahe allen deutschen Landschaften ist die Sage von der „Wilden Jagd" oder „Vom wilden Jäger" bekannt. Sie ist damit eine der bedeutendsten Sagen des deutschen Volksgutes. Die Sage ist unter verschiedenen Bezeichnungen auch in den nordischen Ländern aufgezeichnet worden, da sie in ihren Grundzügen bis zum germanischen Götterglauben zurückreicht. In einigen Landstrichen kennt man sie daher auch als Woutans (Wotans) wilde Jagd. Im Laufe der Zeit hat sie indes einen Bedeutungswandel erfahren. Heute stellt man die „Wilde Jagd" eher mit den zerstörerischen Kräften der Natur gleich, während sie bei unseren heidnischen Vorfahren unter bestimmten Voraussetzungen noch als Fruchtbarkeitsbringer angesehen wurde.
Besonders in den winterlichen Sturmnächten und in der Zeit der „Zwölf Heiligen Nächte" (auch „Rauhnächte" genannt) zwischen Weihnachten und dem Dreikönigstag zieht nachts die „Wilde Jagd" unter dem Wiehern und Schnauben der Rosse, dem wütenden Kläffen der Hunde und lautem Peitschenknallen durch Wald und Feld. In dieser Zeit gilt es auf der Hut zu sein, wenn – angeführt von Gott Wotan – die wilden Jäger aus dem Jenseits mit allen möglichen Geistern, Hexen, Teufeln und Untoten über die Erde brausen und ihr nächtliches Unwesen treiben.
In vielen späteren Sagen wird der „wilde Jäger" oft auch auf eine bestimmte Person bezogen, die – von der Jagdleidenschaft gepackt – oft sogar an Sonntagen oder hohen Festtagen ihrem geliebten Waidwerk nachgeht.
Ebenfalls sehr bekannt in der altgermanischen Mythenwelt ist die weithin verwandte Sage vom Wilden Heer. Dieses besteht aus den Seelen der gefallen Krieger, die zu bestimmten Zeiten aus dem Totenberg heraustreten und durch die nächtlichen Wälder ziehen. Auch dieses Wilde Heer galt bei den alten Germanen als Frucht und Glück bringend, während sein Erscheinen in den späteren

Jahrhunderten als Vorboten kommenden Unglücks gedeutet wurde. Das Wilde Heer wurde aber auch als Zeichen für einen kommenden Kriegszug interpretiert, wenn die tapferen verstorbenen Krieger ihren Landsleuten zu Hilfe eilen, um Eindringlinge abzuwehren.

Viele Heimatforscher haben sich bereits ausgiebig mit diesem Sagenstoff befasst, und so gibt es die unterschiedlichsten Deutungen zum Thema Wilde Jagd, vom Wilden Jäger, Wotans Wilder Jagd, dem Wilden Heer und wie auch immer die unterschiedlichen Bezeichnungen zu dieser im selben Ursprung wurzelnden Überlieferung lauten.

Die Todesahnungen Gräfin Elisabeth Charlottes

Nach der Teilung der alten Grafschaft Sayn-Wittgenstein im Jahre 1605 entstand als neues Territorium die Grafschaft Sayn-Wittgenstein-Hohenstein mit dem Hauptsitz Schloss Wittgenstein in Laasphe. Hier lebte nach dem Dreißigjährigen Krieg die junge Gräfin Elisabeth Charlotte, deren Eltern bereits verstorben waren. Ihr Bruder Christian Ludwig hatte nach dem Tod des Vaters Johann VIII. die Regierung des kleinen Ländchens übernommen.

Die junge Gräfin war ein fröhliches junges Mädchen, das sich im Laufe der Zeit immer mehr zu religiösen Betrachtungen hingezogen fühlte und eifrig den Gottesdienst besuchte. Jeden Tag las sie in der Heiligen Schrift und sprach mit ihren Vertrauten über einen seligen Tod, um in Gottesnähe ein ewiges Leben führen zu können. Indes waren dies für eine gerade einmal Siebzehnjährige nicht gerade altersgerechte Gedanken, über die man eigentlich erst in der zweiten Lebenshälfte nachgrübelt.

So stürzte sie eines Tages unter Tränen in das Zimmer ihres Bruders und berichtete ihm aufgelöst von einer Erscheinung, die sie gerade gehabt hatte. Ort, Zeit und Stunde ihres baldigen Todes seien ihr soeben offenbart worden. Als sie dem Bruder auch noch verkündete, dass sie den Tod als gläubige Christin freudig begrüßen würde, erschauerte der junge Graf und versuchte seine geliebte Schwester durch lange Gespräche auf andere Gedanken zu bringen. Doch Elisabeth Charlotte erklärte ihrem Bruder ihre Sicht der weltlichen Dinge: Geld, Macht und Reichtum hätten im Jenseits keine Bedeutung und ein gottgefälliges Leben auf Erden wäre darum die beste Vorbereitung auf den Jüngsten Tag.

Elisabeth Charlotte blieb weiterhin freundlich zu ihren Mitmenschen, doch als ihr angesagter Todestag näher rückte, verabschiedete sie sich von ihren Verwandten und

Die Kirche in Bad Laasphe, Grabstätte der jungen Gräfin Elisabeth Charlotte.

Freunden und entschuldigte sich für etwaige Beleidigungen oder Kränkungen, die sie unwissentlich verursacht hatte.

Bald nahte der Geburtstag Graf Christians, zu dem er alle Adeligen der Nachbarschaft einlud. Elisabeth Charlotte war auch an jenem Abend freundlich und höflich zu den Gästen. Doch fiel diesen auf, dass sie – untypisch für ein siebzehnjähriges Mädchen - sehr ernst und ruhig war. Als die Gäste am nächsten Tag wieder abreisen wollten, offenbarte ihnen Elisabeth Charlotte folgenden Traum: Auf dem Witwensitz ihrer Mutter, Schloss Klettenberg, war ein Feuer ausgebrochen und alle Versuche, es zu löschen, scheiterten. Sie ging währenddessen in eine Kirche, um dort Gottes Beistand zu erflehen, wobei sich plötzlich ihre Ängste in reine Freude verwandelten.

Die Gäste versuchten diesen Traum positiv zu sehen, indem sie ihn als Zeichen für eine baldige Hochzeit deuteten. Die abgeklärte junge Gräfin aber wollte darin nur den Tod und ewigen Frieden ihrer Seele sehen.

Bevor sich die Gäste auf den Heimweg machten, wandte sich die junge Gräfin noch an einen besonders vertrauten Gast mit der ungewöhnlichen Bitte, er solle in der Stunde ihres Todes auf die Taschenuhr schauen, die dann stehenbleiben würde. Die scheidenden Gäste wurden vom Grafen begleitet, der – weil es nachts heftig geschneit hatte – Schlitten anspannen ließ, damit sie sicher den steilen Schlossberg herabfahren konnten. Zuerst setzte sich Gräfin Christiane auf den vorderen Platz im Schlitten, um ihrer Schwester Elisabeth Charlotte den hinteren, besseren Platz zu überlassen. Diese weigerte sich jedoch, als jüngere Schwester den angebotenen Sitzplatz einzunehmen, und so wechselten die Schwestern die Plätze.

Vorsichtig bewegten sich die Schlitten den Schlossberg herab, als mit einem Mal das Pferd im Geschirr so unglücklich nach hinten ausschlug, das Elisabeth Charlotte mit dem eisenbewehrten Huf an der Schläfe getroffen wurde und sofort tot in den frischen Schnee fiel. Fassungslos blickte der Gast, mit dem die junge Gräfin zuletzt gesprochen hatte, auf seine Taschenuhr, die tatsächlich in dem Moment stehengeblieben war, als das Unglück geschah.

Der Leichnam Elisabeth Charlottes wurde in dem bereits am Tage zuvor von einer unerklärlichen Lichterscheinung erleuchteten Zimmer aufgebahrt, bis er in der Familiengruft der Familie zu Sayn-Wittgenstein-Hohenstein beigesetzt wurde.

Im Schreibpult der verunglückten Gräfin fand man zwei Briefe an ihre Geschwister, in denen sie diese anhielt, in der kurzen Zeit ihres Erdendaseins ein gottgefälliges Leben zu führen. An der Unfallstelle, dem Dillstein in Laasphe, steht heute noch ein schwarzer Stein, der an den Tod der jungen Gräfin erinnert.

Der Schwarze Tod

Nach dem Ende der ersten großen Pestepidemie im 14. Jahrhundert, der rund ein Drittel der Bevölkerung Europas zum Opfer fiel, war diese furchtbare Seuche nicht gänzlich erloschen. Immer wieder trat der „Schwarze Tod" in verschiedenen Teilen Europas auf, besonders in den Städten, wenn es zu Hungerkatastrophen oder kriegerischen Auseinandersetzungen kam. Weitere Höhepunkt ihrer Ausbreitung hatte die Pest in den Jahrzehnten zwischen 1580 und 1650, besonders aber in der Zeit des Dreißigjährigen Krieges von 1618 bis 1648.

Im Jahre 1569 brach in Berleburg eine Pestepidemie aus, die in ungefähr vier Wochen mindestens 200 Opfer forderte. Da die Menschen nicht wussten, wie sich die Pest verbreitete, glaubte man, die Seuche flöge durch die Luft und stürze sich dann auf ein Opfer. So wollten einst einige Berleburger ein blaues Flämmchen beobachtet haben, welches durch die Luft herbeigeflogen kam, dann aber von einem mutigen Man mit einer Schaufel in die Höhlung eines Eckpfosten geschoben wurde, die er dann mit einem festen Holzkeil verschloss. Als ein Vorwitziger dann im nächsten Frühjahr den Keil herauszog, weil er glaubte, das Flämmchen sei nun erstickt, zischte die blaue Flamme sofort aus dem Pfosten und die Pest brach erneut aus.

Eine andere Quelle berichtet, wie ein Bürger aus Henrichshausen über Land ritt und die Pest sich auf seinen Umhang setzte. Glücklicherweise warnte ihn ein junge Frau vor der Gefahr und er ließ schnell den Umhang auf den Boden fallen und blieb so von der Krankheit verschont.

Im Oberland glaubte man, ein Wurm würde durch die Luft fliegen und so die Pest unter den Menschen verbreiten. In Girkhausen, so erzählte man später, wurde der Wurm mit einer Schaufel in einem Erdloch versenkt und die Krankheit fand keine neuen Opfer mehr. Doch auch hier öffneten Neugierige nach einer gewissen Zeit das Bodenloch, der Wurm konnte entfliehen und die Pest breitete sich erneut aus.

Im benachbarten Sauerland erinnern noch heute verschiedene Pestkapellen wie in Eslohe oder in Menden an diese schreckliche Seuche, deren wahre Ursachen erst im 19. Jahrhundert medizinisch erforscht wurden.

Die Pest

🕮 Vom Mittelalter bis zur Zeit Napoleons lebten die Menschen in den eigenen Häusern und erst recht im öffentlichen Bereich unter unsäglichen hygienischen Zuständen. Unsere heutigen Standards wie die Wasserver- und -entsorgung entwickelte sich in den großen deutschen Städten erst im letzten Drittel des 19.

Schloss Wittgenstein in Bad Laasphe.

Jahrhunderts. Händewaschen gehörte noch lange nicht zur mehrfachen täglichen Übung, die Nase schnäuzte man sich grundsätzlich mit den Fingern – und schüttelte dem lieben Nächsten dann fröhlich die Hand.
Schwere Krankheiten wurden von der wenig gebildeten Ärzteschaft fast immer durch Aderlass oder Blutegel behandelt, was den bei geschlossenen Räumen und Fenstern dahinsiechenden Kranken in der Regel mehr schadete als nützte. Völlig hilflos stand man der aus Asien 1348/49 eingeschleppten Pest gegenüber, die in Europa gut ein Drittel der Bevölkerung dahinraffte, in manchen Gegenden bis zu 70% der Einwohner. Die damals völlig unerklärliche Seuche fand oft in der Hexenverfolgung ihre Sündenböcke, allerdings hing es vom Landesherrn ab, wie intensiv die Verfolgung betrieben wurde.
In den Ländern mit einem katholischen Erzbischof, Bischof oder Abt als Landesherrn war man oft ziemlich gnadenlos und die sadistische Folterung der meisten Hexen vor den nur aus Männern bestehenden Hexenkommissionen diente wohl meist den sexuell abartigen Fantasien der Zuschauer, der Gerechtigkeit bestimmt nicht. Die Inquisitoren waren meist Ankläger, Richter und Anwälte in eigener Sache. So ist nachvollziehbar, dass es nur in ganz seltenen Fällen zu milden Urteilen kommen konnte.

Bonifatius in Puderbach

Das Wirken des Heiligen Bonifatius, des „Apostels der Deutschen", ist im Siegerland nicht belegt, aber an verschiedenen Grenzorten im Hessischen. So soll der Missionar einst auch nach Puderbach gekommen sein, um hier das Christentum zu predigen. Die Sage berichtet, dass er viele heidnische Bewohner der Region durch seine Predigten zur christlichen Taufe bewegen konnte und sogar eine Kapelle für die neu bekehrten Christen errichten ließ.

Natürlich konnte der Missionar nicht alle Puderbacher erreichen, da viele weiterhin ihrem alten germanischen Götterglauben anhingen und vom Christengott nichts wissen wollten. Die Heiden beschlossen, Bonifatius bei seiner Rückkehr ins Frankenreich zu töten und die neu erbaute Kapelle zu zerstören.

Als Bonifatius von seiner Missionsreise zurückkam, wollte er den Christen erneut das Evangelium predigen, um den Glauben zu festigen. Doch plötzlich wurde der Bischof von einer wild entschlossenen Schar heidnischer Puderbacher umringt, die den Heiligen erschlagen wollten. Als er keinen Ausweg mehr sah, kniete er nieder und betete zu Gott um Rettung aus höchster Not. Der Allmächtige sah den Erdenweg seines Dieners noch nicht beendet und schickte eine große Wolke, die den Missionar aufnahm und so vor den Verfolgern rettete.

Die Heiden erschraken fürchterlich, als Bonifatius so hinweggeführt wurde. Und mancher von ihnen glaubte nach diesem Wunder, dass die alten germanischen Götter ihre Kraft verloren hatten und wurde daher ein Anhänger des Christentums.

So wurden schließlich alle Einwohner Puderbachs Christen und die uralte Kapelle weist noch heute auf die frühe Verbreitung des neuen Glaubens in dieser Gegend hin.

Der heilige Bonifatius, Apostel der Deutschen

📖 Bonifatius, eigentlich Winfrid, stammte aus England und lebte im 7./8.Jahrhundert in England und im Frankenreich, wo er als Kirchenreformer und Missionsbischof in Hessen, Thüringen, Franken und Bayern erfolgreich wirkte. Seine erste Missionsreise unternahm er 716 nach Friesland, wo er allerdings ziemlich wirkungslos blieb. Erfolgreicher war Bonifatius in Hessen, wo er nicht nur das Kloster Fulda gründete, sondern auch viele Heiden zum Christentum bekehren konnte.

Ein besonderes Ereignis fand im hessischen Geismar statt, wo Bonifatius die weithin verehrte, mächtige Donareiche fällte. Zahlreiche Zuschauer, Christen und Heiden, begleiteten die Zerstörung dieses germanischen Heiligtums. Die entsetzten Heiden erwarteten natürlich eine rächende Reaktion ihres Donnergottes, die aber bekanntlich ausblieb.

Bonifatius konnte mit Unterstützung der fränkischen Könige und des römischen Papstes die römisch-katholische Kirche in Bayern, Franken und Thüringen organisieren und wurde schließlich noch Erzbischof von Mainz, des größten deutschen Bistums.

Auf seiner letzten Missionsreise zu den Friesen wurde er 754 in Dokkum von den heidnischen Einwohnern erschlagen und erlitt so den Märtyrertod. Sein Leichnam liegt im Dom zu Fulda begraben.

Teufelskanzel bei Bad Laasphe.

Quellen und Literatur

Brandl, Monika et. al.: *Wittgenstein – Bilder einer Landschaft,* Siegen 2012
Brunner, Horst: *Geschichte der deutschen Literatur des Mittelalters und der frühen Neuzeit,* Stuttgart 1997
Dehio, Georg: *Handbuch der deutschen Kunstdenkmäler,* Nordrhein-Westfalen II, Berlin/München 2011
Die Edda, Germanische Göttersagen nach Karl Simrock, Wien 1981
Dietermann, Klaus: *Siegerland,* Kreuztal 1986
Der Dreißigjährige Krieg und der Alltag in Westfalen, Quellen aus dem Staatsarchiv Münster 1998
Festschrift für Hans Georg Kirchhoff zum 60. Geburtstag, Bochum 1990
Engelmann, Bernt: *Die vergoldeten Bräute,* München 1981
Freiligrath/Schücking: *Das malerische und romantische Westphalen,* Nachdruck, Hildesheim 1974
Görnig, Bernhard: *Sagen aus dem Siegerland,* Kreuztal 1993
Halbfas, Hubertus: *Religiöse Sprachlehre,* Ostfildern 2012
Handbuch der Historischen Stätten, Nordrhein-Westfalen, Stuttgart 2006
Kaltner, Balthasar: *Konrad von Marburg und die Inquisition in Deutschland,* Prag 1882
Köbler, Gerhard: *Historisches Lexikon der deutschen Länder,* München 1992
Kohl, Wilhelm: *Kleine Westfälische Geschichte,* Düsseldorf 1994
Kühn, Fritz: *Sagen des Sauerlandes,* Meschede 1938
Kuhn, Adalbert: *Sagen, Gebräuche und Märchen aus Westfalen,* Hildesheim 1979
Lexikon des Mittelalters, München 2003
Nierhoff, Joachim: *Historische Morde im Sauerland,* Erfurt 2010
Ders.: *Sagenhaftes Sauerland,* Erfurt 2014
Pfau, Dieter: *Zeitspuren im Siegerland und Wittgenstein,* Bielefeld 2009
Ritter, Gustav: *Deutsche Sagen,* Berlin 1904
Ders.: *Deutschlands Wunderhorn,* Berlin um 1900
Rölleke, Heinz: *Das große Deutsche Sagenbuch,* Mannheim 2012
Rothert, Hermann: *Westfälische Geschichte,* Band 1–3, Gütersloh 1976
Sauermann/Greilich: *Sagenhafte Stätten, Die Sagenwelt Westfalens,* Münster 1993
Schrey, Gerhard: *Siegerländer Sagen,* Siegen 1924
Westfälischer Sagenschatz, Hünstetten 1979
Wied, Hans: *Sagen und Märchen aus den Wittgensteiner Bergen,* Bad Laasphe 1985
Wurmbach, Adolf: *Siegerländer Sagen,* Siegen 1967
Zaunert, Paul: *Westfälische Sagen,* Jena 1927

Weihnachten im Sauerland

Joachim Nierhoff

19,99 €

ISBN: 978-3-95400-640-3

Märkisches Sauerland
Die schönsten Seiten

Joachim Nierhoff

19,99 €

ISBN: 978-3-95400-398-3

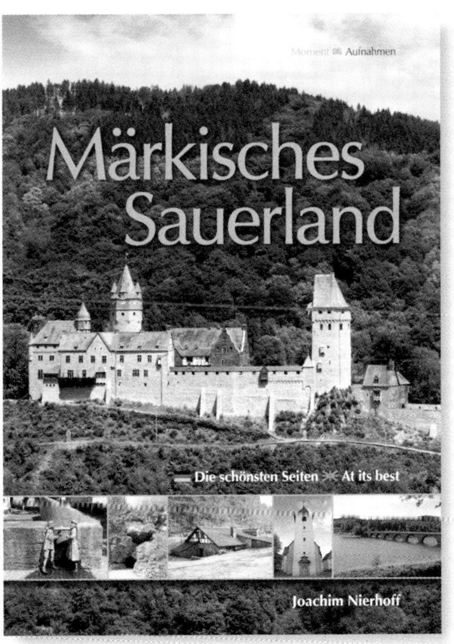